人工智能科普系列

# Fundamentals of
# ARTIFICIAL
# INTELLIGENCE

# 人工智能基础 中学版

周颖 郑文明 徐卫 朱洁 赵力
编著

机械工业出版社
CHINA MACHINE PRESS

人工智能的普及将是未来的发展趋势，本书作为人工智能的科普读物，用通俗易懂的语言全面介绍了人工智能的基础知识。全书共三大部分：理论基础、编程语言基础和应用实践。第一部分（基础篇）分为 5 章，主要从人工智能的概念和主要应用场景等方面介绍人工智能的基础理论知识。第二部分（语言篇）分为 5 章，主要介绍了 Python 语言的编译环境以及 Python 语言的基础知识。第三部分（实践篇）分为 4 章，结合前两部分知识，进行人工智能具体实践，内容涉及树莓派的使用、神经网络的介绍以及神经网络常用的框架 Tensorflow 的使用等。理论部分的每章都附有相应的习题以供练习，书末附有配套的实验工具箱，以便大家进一步钻研和实践。

本书可以作为中学生课程教材，也可作为青少年自学人工智能基础和 Python 编程基础的参考书。

## 图书在版编目（CIP）数据

人工智能基础 / 周颖等编著 . —北京：机械工业出版社，2020.5
（2025.11 重印）
ISBN 978-7-111-65344-8

Ⅰ. ①人⋯　Ⅱ. ①周⋯　Ⅲ. ①人工智能－中学－教材
Ⅳ. ①G634.671

中国版本图书馆 CIP 数据核字（2020）第 061798 号

机械工业出版社（北京市百万庄大街 22 号　邮政编码 100037）
策划编辑：李馨馨　　责任编辑：李馨馨　尚　晨
责任校对：张艳霞　　责任印制：单爱军

中煤（北京）印务有限公司印刷

2025 年 11 月第 1 版 • 第 7 次印刷
184mm×240mm • 11.5 印张 • 218 千字
标准书号：ISBN 978-7-111-65344-8
定价：49.00 元

| 电话服务 | 网络服务 |
| --- | --- |
| 客服电话：010-88361066 | 机 工 官 网：www.cmpbook.com |
| 　　　　　010-88379833 | 机 工 官 博：weibo.com/cmp1952 |
| 　　　　　010-68326294 | 金 书 网：www.golden-book.com |
| 封底无防伪标均为盗版 | 机工教育服务网：www.cmpedu.com |

亲爱的同学：

61岁的比尔·盖茨曾在一篇给大学生的毕业寄语中写道"当今时代是一个非常好的时代"，如果在今天寻找一个能对世界造成巨大影响的机会，他毫不犹豫地就会考虑——人工智能。马云在2018年世界人工智能大会现场再谈新制造。他认为，未来30年智能技术将深入到社会的方方面面，彻底重塑传统制造业。企业如果不能从规模化、标准化向个性化、智慧化转型，将很难存活下去。人工智能技术再先进，如果不能和制造业结合推动转型升级，也将失去意义。可以知道的是，人工智能与各个行业相结合，可能会发生一些奇妙的化学反应，迸发出不一样的火花。我们都坐在人工智能这趟刚刚出发的高速列车上，不知会被带往何处。

人工智能的本质是计算机模拟人的意识、思维的信息过程。简单来说，就是能够做出和人类智能相似反应的智能机器，这个领域还包括机器人、语音识别、图像识别、自然语言处理和专家系统等。总体而言，它是为了让人们的生活更加方便而服务的。很多人认为，人工智能抢走劳动者饭碗的事件正在全球上演，但事实上，人工智能对就业的积极影响超过负面冲击，简易工作被取代之后，相继而来的是大量劳动力的释放，人类技能的升级才是重点，人才也会被分配到合理的岗位。

"公众对人工智能技术抱有希望和想象，相信它能为生活的方方面面带来改变，但我们也应当正视，当前人工智能技术还处在比较初级的发展阶段，还面临着一些挑战。"清华大学人工智能研究院基础理论研究中心主任朱军教授坦言。也许对于人工智能的发展人们还是会有担忧，但人工智能的探索是永无止境的，它终将改变世界，相信未来可期。

作为一本适用于人工智能的中学教材，这本书还有许多不妥和不当的地方，欢迎同学们在使用过程中提出一定的改进建议。本教材的目的是养成同学独立思考和解决问题的能力。

在未来的生活和学习中要有敢于创新和突破的勇气和信心。

编者

2019 年 10 月

# 目录

前言

## 第一部分　基础篇

### 第1章　初见人工智能 ............................................. 3
1.1　什么是人工智能 ............................................. 3
1.2　人工智能在各行各业的应用 ............................................. 5
1.3　人工智能与机器学习的关系 ............................................. 9
1.4　习题 ............................................. 11

### 第2章　牛刀小试：查异辨花 ............................................. 12
2.1　分类任务介绍 ............................................. 12
2.2　提取分类任务中的特征 ............................................. 13
2.3　分类器介绍 ............................................. 15
2.4　分类器的测试和应用 ............................................. 22
2.5　习题 ............................................. 23

### 第3章　别具慧眼：识图人物 ............................................. 25
3.1　计算机眼中的图像 ............................................. 25
3.2　图像的特征概述 ............................................. 29
3.3　图像的几何变换 ............................................. 37
3.4　深度神经网络 ............................................. 43

3.5 卷积神经网络 46
3.6 图像分类在日常生活中的应用：人脸识别 48
3.7 习题 52

## 第 4 章 耳听八方：析音赏乐 53
4.1 声音的三要素 53
4.2 语音识别的原理和过程 56
4.3 语音识别的应用 69
4.4 习题 72

## 第 5 章 识文断字：理解文本 73
5.1 文本分析任务的特点 73
5.2 文本模型 74
5.3 文本分析任务的应用 79
5.4 习题 80

# 第二部分　语言篇

## 第 6 章 Python 编译环境 84
6.1 认识 Python 84
6.2 用 Python 编写程序 87
6.3 运行 Python 程序 88

## 第 7 章 变量和数据类型 89
7.1 变量 89
7.2 简单数据类型 91

## 第 8 章 循环语句 94
8.1 for 循环 94
8.2 while 循环 97

## 第 9 章 条件语句 100
9.1 if 语句 100

9.2 认识布尔值 ················································································· 102

9.3 else 语句 ···················································································· 104

9.4 elif 语句 ···················································································· 105

## 第 10 章 函数 ················································································· 107

10.1 定义函数 ·················································································· 107

10.2 参数 ························································································ 109

10.3 返回结果 ·················································································· 110

## 第三部分 实践篇

### 第 11 章 玩转树莓派 ········································································ 113

11.1 认识树莓派 ··············································································· 113

11.2 实验一：基于 DS18B20 温度传感器的室内温度监控实验 ············ 115

11.3 实验二：基于 S9012PNP 晶体管的风扇控制实验 ······················· 120

11.4 实验三：基于 AC-S801 RGB LED 的 LED 发光控制实验 ············ 127

### 第 12 章 神经网络初探 ····································································· 139

12.1 什么是神经网络 ········································································ 139

12.2 神经网络与深度学习 ·································································· 141

12.3 神经网络可视化实验 ·································································· 144

### 第 13 章 TensorFlow 简介 ································································ 147

13.1 什么是 TensorFlow ···································································· 147

13.2 TensorFlow 的应用及发展 ··························································· 149

### 第 14 章 第一个 TensorFlow 程序 ······················································ 152

14.1 TensorFlow 的运行方式 ······························································ 152

14.2 运行 TensorFlow 程序 ································································ 154

14.3 手写数字识别实验 ····································································· 161

### 附录 LXA-AIE-B1 人工智能实验箱 ···················································· 168

### 参考文献 ························································································ 173

# 第一部分

# 基础篇

# 第 1 章 初见人工智能

## 1.1 什么是人工智能

2016 年 3 月，AlphaGo 横空出世对战围棋九段棋手李世石，将人工智能拉入了公众视野，成为 2016 年度话题度最高的科技。人工智能的思想古今中外均有萌芽，公元前 900 多年我国有歌舞机器人传说的记载，公元 850 年古希腊就有制造机器人帮助人们劳动的神话传说。17 世纪法国物理学家、数学家 B.Pascal 制成了世界上第一台会演算的机械加法器；18 世纪德国数学家、哲学家 Leibnitz 做出了能做四则运算的手摇计算器并提出了关于数理逻辑的思想（把形式逻辑符号化）；1936 年，英国数学家 A.M.Turing 在论文《理想计算机》中提出的图灵机模型。

1950 年，艾伦·图灵（Alan Turing）（图 1-1）在他的论文《计算机器与智能》（Computer Machinery and Intelligence）中提出了著名的图灵测试（Turing test）。在图灵测试中，一名人类测试员会通过文字与密室里的一台机器和一个人自由对话。如果测试员无法分辨与之对话的两个实体谁是人谁是机器，则参与对话的机器就被认为通过测试。虽然图灵测试的科学性受到过质疑，但是它在过去数十年一直被广泛认为是测试机器智能的重要标准，对人工智能的发展产生了极为深远的影响。

图 1-1　艾伦·图灵（1912-1954）

1951 年夏天，普林斯顿大学数学系的一位 24 岁的研究生马文·闵斯基（Marvin Minsky）建立了世界上第一个神经网络机器——SNARC（stochastic neural analog reinforcement calculator）。在这个只有

40个神经元的小网络里，人们第一次模拟了神经信号的传递。这项开创性的工作为人工智能奠定了深远的基础。由于在人工智能领域的一系列奠基性的贡献，闵斯基于1969年获得计算机科学领域的最高奖——图灵奖。1955年，艾伦·纽厄尔（Allen Newel）、赫伯特·西蒙（Herbert Simon）和克里夫·肖（Cliff Shaw）建立了一个名为"逻辑理论家"（logic theorist）的计算机程序来模拟人类解决问题的技能。这个程序成功证明了一部大学数学教科书里面52个定理中的38个，甚至还找到了比教科书中更完美的证明方法。这项工作开创了一种日后被广泛应用的方法——搜索推理（reasoning）。

1956年，闵斯基·约翰、麦卡锡（John McCarthy）、克劳德·香农（Claude Shan-non）和纳撒尼尔·罗切斯特（Nathan Rochester）在美国组织了一次讨论会。这次会议提出："学习和智能的每一个方面都能被精确地描述，使得人们可以制造一台机器来模拟它。"

这次会议为这个致力于通过机器来模拟人类智能的新领域定下了名字——"人工智能"（Artificial Intelligence，AI），从而正式宣告了人工智能作为一门学科的诞生。人工智能是在计算机科学、控制论、信息论、神经心理学、哲学、语言学等多种学科研究的基础上发展起来的综合性很强的交叉学科，是集新思想、新观念、新理论、新技术于一体的新兴学科以及正在发展的前沿学科。百度百科上给出的人工智能的解释是："它是研究、开发用于模拟、延伸和扩展人的智能的理论、方法、技术及应用系统的一门新的技术科学。人工智能是计算机科学的一个分支，它企图了解智能的实质，并生产出一种新的能以人类智能相似的方式做出反应的智能机器，该领域的研究包括机器人、语言识别、图像识别、自然语言处理和专家系统等"。符号主义、联结主义、行为主义分别代表了人工智能研究领域的三种主要发展观。它们是人工智能学科发展的最重要的理论成果，同时又是人工智能学科发展的理论基础。

人工智能在当前被人们称为世界三大尖端技术之一，美国斯坦福大学人工智能研究中心的尼尔逊（Nilson）教授这样定义人工智能："人工智能是关于知识的学科——怎样表示知识以及怎样获得知识并使用知识的学科"。美国麻省理工学院的温斯顿（Winston）教授认为："人工智能就是研究如何使计算机去做过去只有人才能做的智能的工作"。除此之外，还有很多关于人工智能的定义，至今尚未统一，但这些说法均反映了人工智能学科的基本思想和基本内容，由此可以将人工智能概括为研究人类智能活动的规律，构造具有一定智能行为的人工系统。

简而言之，人工智能就是研究计算机来实现人类的智能，去模仿人类的知觉、推理、学习能力等，从而让计算机能够像人一样思考和行动。例如，机器识别出动物（图像识别）；机器感知到人类的语义和情感，并给出反馈（人机对话）；AlphaGo（图 1-2）、Master 等让机器自己思考去下棋（人机对弈）等。

图 1-2　AlphaGo 和围棋大师李在石

## 1.2　人工智能在各行各业的应用

人工智能技术是当前社会发展最为先进的科学技术之一，是影响社会生产和人们生活、学习的重要技术，是现代社会进步和发展的重要标志。人工智能是继蒸汽机、电力、互联网之后最有可能带来新的产业革命浪潮的技术。人工智能从其应用范围上可分为专用人工智能和通用人工智能,当前各行业人工智能技术的应用场景逐渐增多。

## 1.2.1 自动驾驶汽车

自动驾驶汽车又称无人驾驶汽车、计算机驾驶汽车或轮式移动机器人,是一种通过计算机系统实现无人驾驶的智能汽车(图1-3)。无人驾驶汽车是一种智能汽车,能通过车载传感器感知路况、天气和车辆情况,并利用感知到的自身位置、周围车辆位置以及道路状况等,调控车辆的行车方向和速度,从而使车辆能够安全、可靠地在道路上行驶并到达目的地。无人驾驶汽车能够在很大程度上解决交通拥堵问题,降低交通事故的发生率,提升汽车出行的安全性。

图1-3 自动驾驶汽车

自动驾驶汽车依靠人工智能、视觉计算、雷达、监控装置和全球定位系统协同合作,智能驾驶系统可以对多种感知信号进行综合分析,通过结合地图和指标(比如交通灯和路牌),实时规划驾驶路线,并发出指令,控制车子的运行,让计算机可以在没有任何人类主动操作的情况下,自动安全地操作机动车辆。当地时间2018年3月18日晚上,美国亚利桑那州一名女子被优步自动驾驶汽车撞伤后不幸身亡。这是全球首例自动驾驶车辆致人死亡的事故。

### 1.2.2 安防

伴随着城市化的进程和社会经济的高速发展，安全逐步成为全社会共同关注的议题。从平安城市建设到居民社区守护，从公共场所的监控到个人电子设备保护，我们都离不开一个高效可靠的安全体系。近年来，人工智能技术被大量运用在安防领域，成为我们大家的守护神。

从 2015 年开始，全国多个城市都在加速推进平安城市的建设，积极部署公共安全视频监控体系，希望实现对城市主要道路和重点区域的全覆盖。面对海量的监控视频，传统的依赖公安民警通过观看视频找出重要片段的方式显然已经不可行了。于是，基于人工智能的视频分析技术被普遍采用。新的智能视频技术可以替代民警做很多事情：

- 实时从视频中检测出行人和车辆。
- 自动找到视频中异常的行为（比如，醉酒的行人或者逆行的车辆），并及时发出带有具体地点方位信息和警报。
- 自动判断人群的密度和人流的方向，提前发现过密人群带来的潜在危险，帮助工作人员引导和管理人流。

### 1.2.3 医疗

人工智能在医疗中的应用为解决"看病难"的问题提供了新的思路。人工智能在医疗领域的应用主要体现在辅助诊断、康复智能设备、病历和医学影像理解、手术机器人等方面。一是通过机器视觉技术识别医疗图像，帮助医务人员缩短读片时间，提高工作效率，降低误诊率；二是基于自然语言处理，"听懂"患者对症状的描述，然后根据疾病数据库进行内容对比和深度学习，从而辅助疾病诊断。

目前，世界各国的诸多研究机构都投入很大的力量开发对医学影像进行自动分析的技术。这些技术可以自动找到医学影像中的重点部位，并进行对比分析，人工智能分析的结果可以为医生诊断提供参考信息，从而有效地减少误诊或者漏诊。除此以外，有些新技术还能通过多张医疗影像重建出人体内器官的三维模型，帮助医生设计手术，确保手术更加精准。

随着医疗技术的进步，我们相信人工智能不仅能为医生提供更直接、更精准的诊断和治疗建议，而且可以为我们每个人提供健康建议和疾病风险预警，从而让我们生活得更加健康。

### 1.2.4 智能家居

智能家居，主要体现在"智"上，就是要让家居变得聪明，目的是服务人，给人一个安全舒适的居家环境。将人工智能技术与家居生活深度融合将产生巨大的经济和社会价值，由于城市居民平均每天在室内空间停留的时间超90%，人们的工作与生活质量与居室空间密切相关。

人工智能家居的典型产品就是智能音箱，智能音箱不仅可作为音乐播放电子产品，还是人工智能落地管理家居的接口。天猫精灵是阿里巴巴人工智能实验室于2017年7月5日发布的AI智能产品，它能够听懂中文普通话语音指令，目前可实现智能家居控制、语音购物、手机充值、叫外卖、音频音乐播放等功能，带来人机交互新体验（图1-4）。

图1-4 天猫精灵

截至 2016 年，我国仅有约 30 万户家庭安装了智能家居系统，而在美国上述数字是 460 万。虽然在我国，人工智能应用于家居领域的市场潜力广阔、内部需求巨大，但目前大部分智能家居产品主要依赖手机操控，可以很好地感应周围环境，真正体现智能场景的应用并不多。

## 1.3　人工智能与机器学习的关系

计算机要像人类一样完成更多智能的工作，需要掌握关于这个世界海量的知识。比如，要实现汽车自动驾驶，计算机至少需要能够判断哪里是路，哪里是障碍物，这个对人非常直观的东西，对计算机却是相当困难的。路有水泥的、沥青的，也有石子的甚至土路。这些不同材质铺成的路在计算机看来差距非常大。如何让计算机掌握这些人类看起来非常直观的常识，对于人工智能的发展是一个巨大的挑战。很多早期的人工智能系统只能成功应用于相对特定的环境（specific domain），在这些特定环境下，计算机需要了解的知识很容易被严格并且完整地定义。例如，IBM 研发的计算机"深蓝"（Deep Blue）在 1997 年打败了国际象棋冠军卡斯帕罗夫。设计出下象棋软件是人工智能史上的重大成就，但其主要挑战不在于让计算机掌握国际象棋中的规则。国际象棋是一个特定的环境，在这个环境中，计算机只需要了解每一个棋子规定的行动范围和行动方法即可。虽然计算机早在 1997 年就可以击败国际象棋的世界冠军，但是直到 20 年后的今天，让计算机实现大部分成年人都可以完成的汽车驾驶却仍然依旧十分困难。

如何让计算机可以跟人类一样从历史的经验中获取新的知识呢？这就是机器学习需要解决的问题。卡内基梅隆大学的 Tom Mitchell 教授在 1997 年出版的书籍《机器学习》（Machine Learning）中对机器学习进行了非常专业的定义："如果一个程序可以在任务 T 上，随着经验 E 的增加，效果 P 也可以随之增加，则称这个程序可以从经验中学习"。学习是人类智能的重要特征，是获得知识的基本手段，而机器学习也是使计算机具有智能的根本途径，如香克（Shank）所说："一台计算机若不会学习，就不能称为具有智能的。"除此之外，机器学习还有助于发现人类学习的机理和揭示人脑的奥秘。

机器学习大致可以分为以下步骤：数据采集、特征提取、特征组合评价、现状态与特征组合匹配。每一步骤都在整个学习过程充当重要的角色，对于机器学习来说，数据采集要达到一定的量，数据量太小会失去研究的意义，通常机器学习的数据采集需要交代数据的来源以及采集方式，不同的数据采集的困难程度不同。

特征选取与特征提取的关键区别在于：特征选取是从原特征集中选取一个子特征集，而特征提取则是在原特征集的基础上重新构造出一些（一个或多个）全新的特征。特征提取是决定整个机器学习的关键一步，一般来说数据都会经过一定的处理再进行机器学习，原始数据的计算量过于庞大，因此必须经过特征提取，特征提取的结果从根本上决定着机器学习的结果。不同学者对于特征设计有着不同的定义，但是好的特征变量都需要考虑到以下特性：第一，要尽可能地相对独立，以免影响到后面的计算量；第二，整个特征集合要尽可能形成一个完备的描述空间，即一个尽可能完备的描述空间下的特征，其能通过机器学习所提取信息的效率才能最大化；第三，在进行特征设计时要考虑到执行效率。

特征组合评价、现状态与特征组合匹配属于机器学习的核心部分，如果不能在特征上处理好计算量的问题，就需要设计更好的算法加快收敛速度。

总地来说，人工智能、机器学习和深度学习是非常相关的几个领域。图 1-5 总结了它们之间的关系。人工智能是一类非常广泛的问题，机器学习是解决这类问题的一个重要手段。

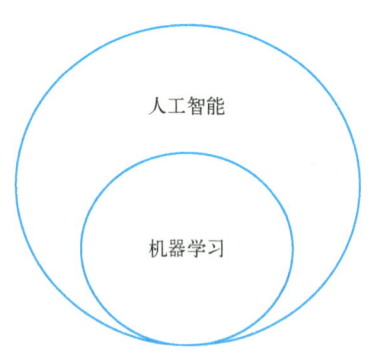

图 1-5 人工智能与机器学习的关系

## 1.4 习题

1. 什么是人工智能，什么是图灵实验？
2. AI 是_____的英文缩写。
3. 请举例说明人工智能有哪些研究领域和应用领域。
4. 请解释什么是机器学习，并说明人工智能与机器学习的关系。
5. 首次提出"人工智能"是在（　　）年。

   A. 1946　　B. 1960　　C. 1916　　D. 1956
6. 人工智能是一门（　　）。

   A. 数学和生理学　　　　　B. 心理学和生理学

   C. 语言学　　　　　　　　D. 综合性的交叉学科和边缘学科
7. 不属于人工智能的学派是（　　）。

   A. 符号主义　　　　　　　B. 机会主义

   C. 行为主义　　　　　　　D. 连接主义
8. 如果你是公司的经理，为了更好地掌握和管理员工的上下班情况，用到以下哪个人工智能技术比较好（　　）？

   A. 图像识别技术　　　　　B. 指纹识别技术

   C. 语音识别技术　　　　　D. 字符识别技术
9. 1997 年 5 月，著名的"人机大战"最终计算机以 3.5 比 2.5 的总比分将世界国际象棋棋王卡斯帕罗夫击败，这台计算机被称为（　　）。

   A. 深蓝　　B. IBM　　C. 深思　　D. 蓝天
10. 下列哪个不是人工智能的研究领域（　　）？

    A. 机器证明　　　　　　　B. 模式识别

    C. 人工生命　　　　　　　D. 编译原理

# 第 2 章  牛刀小试：查异辨花

看到一张图片，我们能够分辨图片上有什么动物，是猫还是狗；听到一首歌曲，我们能够区分是古典音乐还是流行音乐；看到一段视频，我们知道里面的演员是在跳舞还是在跑步。在生活中，我们经常会判断一个事物的类型，这样的过程在人工智能领域里被称为分类。

## 2.1  分类任务介绍

人工智能系统处理的是各种各样的数据，例如图像、声音、文字、视频等。数据（data）是信息的载体。如果把机器学习归为两大类，那么主要的工作可以分为：分类和聚类。而分类任务基本上占整个机器学习或者是数据挖掘领域的 70%，可见我们遇到的很多问题，都可以用分类的算法进行解决。分类（classification）就是要根据所给数据的不同特点，判断它属于哪个类别。

在这一章，我们学习一个简单的分类任务——对鸢尾花（iris）的两个品种进行分类。鸢尾花的花瓣鲜艳美丽，叶片青翠碧绿，令人赏心悦目。全世界大约有 30 个品种的鸢尾花，常见的有变色鸢尾（iris versicolor）和山鸢尾（iris setosa）。它们有着形状与色彩相似的花瓣和萼片，花瓣和花萼的位置如图 2-1 所示。一般来说，变色鸢尾有较大的花瓣，而山鸢尾的花瓣较小（图 2-2）。

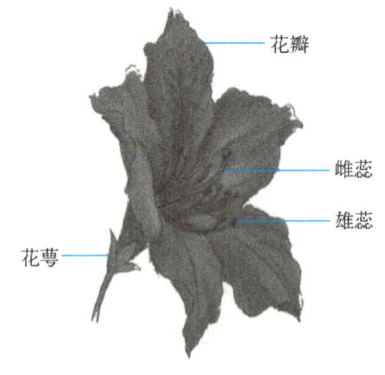

图 2-1  花瓣和花萼

变色鸢尾　　　　　　　　山鸢尾

图 2-2　变色鸢尾和山鸢尾

以上我们通过对鸢尾花的分类这个例子来了解分类问题中的基本概念和流程。我们想要构建一个简单的人工智能系统，它能够像人类一样区分变色鸢尾和山鸢尾。像这样完成分类任务的人工智能系统，被称为分类器（classifier）。分类器是数据挖掘中对样本进行分类的方法的统称。

图 2-3 展示了整个系统的流程。当看到一朵鸢尾花时，首先提取它的特征，然后将这些特征输入到训练好的分类器中，分类器就能够根据这些特征做出预测，输出鸢尾花的品种。在接下来的小节中，让我们一步一步地构建出这个系统吧。

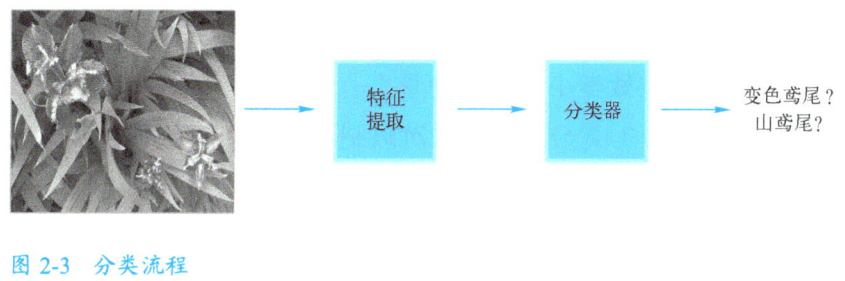

图 2-3　分类流程

## 2.2　提取分类任务中的特征

我们往往会根据事物具有的一些特点来区分它们，比如辨别不同鸢尾花品种的时候，依据的是鸢尾花的花瓣大小。我们将像这种可以对事物的某些方面的特点进行刻画的数字或者属性称之为特征。

在鸢尾花分类中，怎样才能得到可以被人工智能系统所使用的特征呢？经过尝试，人们发现用花瓣的长度和宽度作为鸢尾花的特征，可以让分类器有效地分类。

特征是在分类器乃至于所有人工智能系统中非常重要的概念。对同样的事物，我们可以提取出各种各样的特征。比如，可以用鸢尾花植株的高度或者花瓣颜色作为特征。但是，鸢尾花的植株高度和品种没有直接关系，一朵鸢尾花在生命的不同阶段也有着不同的高度；再者不同鸢尾花品种又都有着颜色相近的花瓣。所以用鸢尾花的植株高度和花瓣颜色很难有效区分鸢尾花的品种。我们看到，不同的特征对于分类器的准确分类会有很大的影响。

因此，我们需要根据物体和数据本身具有的特点，考虑不同类别之间的差异，并在此基础上设计出有效的特征。而这不是一件简单的事，它往往需要我们真正理解事物的特点和不同类型之间的差异。特征的质量很大程度上决定了分类器最终分类效果的好坏。

## 2.2.1 特征向量

通过实际的测量，我们得到了鸢尾花的特征——花瓣的长度和宽度，那么在数学上如何表达它们呢？我们可以用 $x_1$ 来表示花瓣的长度，用 $x_2$ 来表示花瓣的宽度。为了使用方便，进一步地把这两个数字一起放进括号中，写成 $(x_1, x_2)$。这种形式的一组数据在数学中被称为向量。

有了向量这个数学工具后，我们就可以把描述一个事物的特征数值都组织在一起，形成一个特征向量，对它进行更完备的刻画。一般地，一个 $n$ 维的特征向量可以被表示为 $x = (x_1, x_2, x_3, \cdots, x_n)$。比如测量得到一朵鸢尾花的花瓣长度为 1.1cm，宽度为 0.1cm，那么这朵鸢尾花的特征就可以用（1.1，0.1）表示。

## 2.2.2 特征点和特征空间

有了特征的向量表示之后，进一步，我们可以把特征向量表示在直角坐标系中，比如（1.1，0.1），就可以是直角坐标系中的一个点。

我们将鸢尾花的特征向量画在了坐标系中。坐标系中的一个点就代表了一朵鸢尾花的特征，这些表示特征向量的点被称为特征点。所有这些特征点构成的空间称为特征空间。

在特征空间中，特征点到特征点之间的平面距离可以用来衡量鸢尾花之间的相似程度。一般地，对于任意维数的特征空间，我们都可以使用特征点之间的平面距离来衡量鸢尾花之间的相似程度。一般地，对于任意维数的特征空间，我们都可以使用特征点之间的距离来衡量物体之间的相似程度。高维特征空间的距离计算公式与二维特征空间的类似，比如在三维空间里，有两个点分别表示为 $(x_1, x_2, x_3)$ 和 $(z_1, z_2, z_3)$，那么两个点之间的距离 $d$ 可以通过下面的式子进行计算：

$$d = \sqrt{(x_1 - z_1)^2 + (x_2 - z_2)^2 + (x_3 - z_3)^2} \qquad (2\text{-}1)$$

## 2.3 分类器介绍

一个样本属于且只属于多个类中的一个，一个样本只能属于一个类，不同类之间是互斥的，因此分类器就是一个由特征向量到预测类别并将样本正确分类的函数。在鸢尾花的分类问题中，我们用+1 和-1 两个值分别代表变色鸢尾和山鸢尾两个类别，并用字母 $y$ 表示，即 $y$ 可以取+1 和-1 两个值。前面我们已经提取了鸢尾花的特征，将它表示为特征向量，并把特征向量画在了特征空间中。那么对鸢尾花品种分类的问题就转变成在特征空间中将一些特征点分开的问题。如果我们用直线作为分界线，那么这个问题就变成：坐标平面中有两类点，画一条直线将这两类点分开。我们设这个函数为 $f(x)$，$f(x)$ 是分类函数的核心。函数 $f(x)$ 的形式多种多样，具有 $f(x_1, x_2, \cdots, x_n) = a_1 x_1 + a_2 x_2 + \cdots + a_n b_n + b$ 形式的分类器被称为线性分类器，其中，$n$ 是特征向量的维数；$a_1, a_2, a_n$，$b$ 是函数的系数，被称为分类器的参数。

在区分鸢尾花品种的简单例子中，我们可以直接画出一条直线将两类点分开。实际情况中，特征点在特征空间中的位置非常复杂，采用观察和尝试来画出分类直线往往是不可能的，也是没有效率的。因此需要通过一些方法，让分类器自己学习得到分类直线。

### 2.3.1 训练分类器

我们可以把人工智能系统和人类做类比。人们需要经过在学校的学习来吸收知识；为了检验学习效果，要参加考试；学到知识、掌握技能后，就会在工作中解决实际问题。人工智能系统也类似,它的学习过程被称为训练(training);考试过程被称为测试(testing);解决实际问题的过程,被称为应用(application)。训练集和测试集的作用和类比见表2-1。

表2-1 训练集和测试集

| 数据集名称 | 作用 | 类比 |
| --- | --- | --- |
| 训练集 | 用于调整参数到理想的结果,根据结果决定是否停止训练 | 学生的课本,学生根据课本里的内容来掌握知识 |
| 测试集 | 用来评估最终模型的分类能力。但不能作为调整参数、选择特征等算法相关的选择依据 | 考试,考题是训练时没有见过的,考查学生举一反三的能力 |

让分类器学习从而得到合适的参数的过程称为分类器的训练。在本小节中所讲的训练分类器就是找到一条好的分类直线。我们在学校通过老师、课本来接受知识,那么人工智能系统是通过什么进行学习的呢?答案是数据。数据是人工智能的支柱之一,人工智能系统的训练往往需要大量的数据作支撑。

在训练阶段使用的数据被称为训练数据;相应地,测试阶段使用的数据被称为测试数据。在分类中,训练数据和测试数据一般都需要知道它们实际的类别。

人工地给数据标上真实类别(其他任务中对应着其他真实的值)的过程被称为数据的标注(annotation)。数据标注的过程耗时耗力,有的数据标注还可能需要相关领域的专业知识。对数据的采集和标注是非常重要的过程,人工智能系统是数据驱动的,数据标注的质量会直接影响到训练后人工智能系统的性能好坏。

鸢尾花的数据是由美国植物学家埃德加·安德森(Edgar Anderson)在加拿大加斯佩半的农场测量鸢尾花的花瓣长度和宽度等特征得到的。此外,他根据自己所学的植物学知识,标注好每一朵花属于什么种类,我们可以将山鸢尾打上"0"标签,将变色鸢尾打上"1"标签。有了这样的数据集,就可以在它的基础之上去训练一个分类器。由上面的介绍我们得知,当一个数据集被用于分类器训练时,称之为训练集。接下来将介绍基于数据集来训练分类器的过程。这个过程是由一系列判断和计算步骤组成的,通常被称为算法(algorithm)。在一个数据集上,使用不同的算法可能会获得不同的分类器。如何设计一个算法能获得性能好的分类器是机器学习里面一个经典的研究课题。

我们的目的就是寻找一个线性分类器对鸢尾花分类，在这里线性分类器的 $f(x)$ 可以被概括地表示为 $f(x_1,x_2)=a_1x_1+a_2x_2+b$。我们要找到合适的 $a_1$，$a_2$，$b$ 参数，使得对应的分类器能够区分变色鸢尾和山鸢尾。通过上面的介绍我们可以把特征向量表示在直角坐标系中，如下图所示，用 $x_1$ 表示花瓣的长度，$x_2$ 表示花瓣的宽度，比如（1.1，0.1），就可以是直角坐标系中的一个点，那么将样本的所有数据都对应到下图的直角坐标系，再用一条线将样本进行分类，区别山鸢尾和变色鸢尾，下图是分类的三种情况，这里将×表示为山鸢尾，将○表示为变色鸢尾，那么第一个图中有9个山鸢尾被分类成变色鸢尾，第二个图有两个样本分类错误，第三个图虽全部分类正确但是分类器显得过于复杂和过度拟合训练数据，这将会导致该分类器不会在最终的测试即"考试"阶段举一反三，反而得不到"好成绩"。因此，图 2-4 就是欠拟合、刚好和过拟合三种情况。

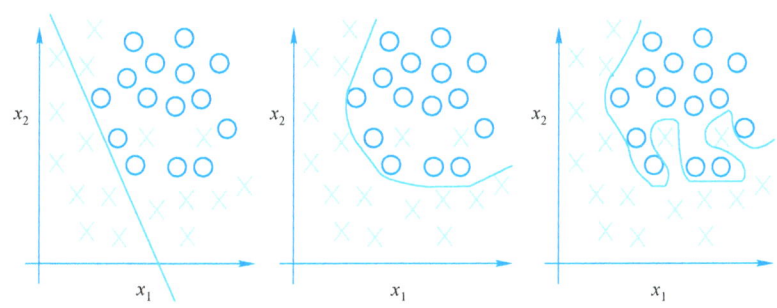

图 2-4 欠拟合、刚好、过拟合

最后，我们用表 2-2 来总结模型分类的三种情况。我们需要找到一种分类"刚好"的情况。

表 2-2 表格说明

| 情况 | 结果 |
| --- | --- |
| 欠拟合 | 欠拟合就是模型没有很好地捕捉到数据特征，不能够很好地拟合数据，即在训练集上表现不好。 |
| 刚好 | ✓ |
| 过拟合 | 过拟合就是模型把数据学习得太彻底，以至于把不相关数据的特征也学习到了，这样就会导致在后期测试的时候不能够很好地识别数据，即不能正确分类。 |

## 2.3.2 感知器

首先我们介绍一下机器学习的三种主要的学习方式。

**监督学习**

使用有类标的训练数据构建模型，即在训练过程中，所有的数据都是知道它的类别的。通过构建的这个模型对未来的数据进行预测。在监督学习的下面，又可以分为分类（利用分类对类标进行预测）和回归（使用回归预测连续输出值），上面鸢尾花的分类就是一个监督学习的典型例子，因为在分类前我们已经将样本打上标签即类标。

**无监督学习**

在没有已知输出变量（分类问题中是数据的类标）和反馈函数指导的情况下提取有效信息来探索数据的整体结构。

**强化学习**

构建一个系统，在与环境交互的过程中提高系统的性能，我们可以将强化学习视为与监督学习相关的一个领域。但是强化学习与监督学习不同的是，在强化学习中，并没有一个确定的类标或一个连续类型的值，而是一个通过反馈函数产生的反馈值。该反馈值是对当前的系统行为的一个评价。强化学习解决的主要是交互式问题，象棋对弈就是一个常用的强化学习的例子。

感知器（perceptron）是一种训练线性分类器的算法，由弗朗克·罗森布拉特（Frank Rossenblatt）基于MPC神经元模型提出，感知器可以看作一个处理二分类问题的算法。感知器的结构模型如图2-5所示。

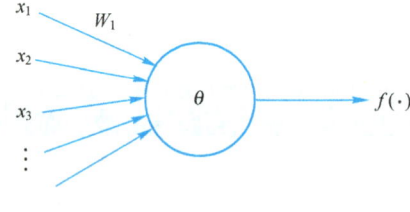

图2-5 感知器模型结构

感知器的训练方法是利用被误分类的训练数据调整现有分类器的参数，使得调整后的分类器判断更加准确。感知器使用被分错的样本来调整分类器——

如果标注的类别是+1，使得 $a_1x_1 + a_2x_2 + b < 0$ 的样本就是被误分类；如果标注的类别是-1，使得 $a_1x_1 + a_2x_2 + b \geq 0$ 的样本就是被误分类。综合起来就是若 $y \times (a_1x_1 + a_2x_2 + b) \leq 0$，那么样本就被分错了，其中 $y$ 表示数据的真实类别。根据这个误分类的样本来调整分类直线的参数，使得直线向该误分类数据一侧移动，以减小该误分类数据与直线的距离，直到直线越过该误分类数据使其被正确分类。具体的感知器学习算法如下所示。

第一步：选取初始分类器参数 $a_1, a_2, b$；

第二步：在训练集中选取一个训练数据，如果这个训练数据被误分类，则按照以下规则更新参数（将箭头右边更新后的值赋给左边的参数）：

$a_1 \leftarrow a_1 + \eta y x_1$

$a_2 \leftarrow a_2 + \eta y x_2$

$b \leftarrow b + \eta y$

第三步：回到第二步，直到训练数据中没有误分类数据（即收敛时）为止。

其中，$\eta$ 是学习率（learning rate），学习率是指每一次更新参数的程度大小。学习率越低，损失函数的变化速度就越慢，虽然使用低学习率可以确保我们不会错过任何局部极小值，但也意味着将花费更长的时间来进行收敛。

表 2-3 是对学习率的总结。

表 2-3　大学习率和小学习率

| 学习率 | 优缺点 | 使用场景 |
| --- | --- | --- |
| 小学习率 | 收敛慢，但结果精确 | 若算法不稳定，先降低学习率 |
| 大学习率 | 结果不精确，但收敛快 | 若算法收敛太慢，可提高学习率 |

感知器的学习算法就是不断减少对数据误分类的过程。在这里，同学们可能会有两个疑问：一是如何衡量分类器对数据的误分类程度呢？二是我们该如何利用误分类的数据来调整分类器的参数，也就是感知器学习算法中更新参数的规则是怎么来的呢？为此，我们分别介绍损失函数和优化方法来回答上面的两个问题。

损失函数（loss function）是在训练过程中用来度量分类器输出错误程度的数学化表示。预测错误程度越大，损失函数的取值就越大。定义合适的损失函数对于训练分类器是非常重要的。感知器和支持向量机就是基于不同的损失函数建立起来的。

在分类鸢尾花的例子中,假定总共有 $N$ 个训练数据,我们用 $(x_1^{(i)}, x_2^{(i)})$ 来表示第 $i$ 个训练数据的特征向量,$y^{(i)}$ 表示第 $i$ 个训练数据的标注类别,那么感知器的损失函数 $L$ 定义为

$$L(a_1, a_2, b) = \sum_{i=1}^{N} \max(0, -y^{(i)} \times (a_1 x_1^{(i)} + a_2 x_2^{(i)} + b)) \qquad (2\text{-}2)$$

显然,如果没有误分类的数据,那么损失函数为零,如果有误分类数据,就会使得损失函数增大,并且误分类数据越多,损失函数越大。

有了损失函数衡量分类器对数据的误分类程度后,我们可以用优化的方法来调整分类器的参数,以减少分类器对数据的误分类。上面感知器学习算法中调整参数的规则是优化方法在感知器损失函数上的具体应用。细心的同学可能会发现,损失函数是在整个训练数据集上求得的,如果用它来更新参数,则是利用了整个数据集中被误分类的数据;而感知器学习算法中的第二步是每一次随机选取一个样本,如果是误分类样本则用它来更新参数,这样不断迭代直到训练数据中没有误分类数据为止。这是感知器损失函数利用优化方法得到感知器学习算法中做的一点小改动。

一般地,优化(optimization)就是调整分类器的参数,使得损失函数最小的过程。我们通过一个直观的例子来理解优化过程,损失函数的最小点就是该函数值的最小点,也就是函数的全局最低点,而局部最低点不一定是全局最低点。图 2-6 就是全局最低点和局部最低点的区别。

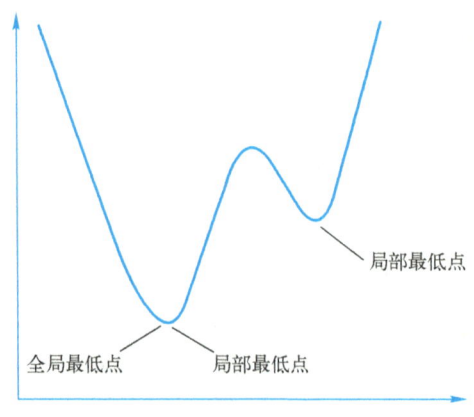

图 2-6 局部最低点和全局最低点

### 2.3.3 支持向量机

在 2.3.2 节，我们介绍了感知器学习算法。通过实验，我们知道了在同样的训练数据下，感知器算法由于初始参数的选择不同或者学习率的不同等原因都会得到不同的分类直线。这些不同的分类直线都能够将不同类别的数据分开，那么它们之间有没有优劣之分呢？

支持向量机（support vector machine，SVM）是在特征空间上分类间隔最大的分类器，它与感知器一样，是对两个类别进行分类。线性分类器是分类器中的一种，类似地，线性支持向量机也是支持向量机中的一种。若无特殊说明，我们这里说的支持向量机均指的是线性支持向量机。首先假设二分类的目标是-1 或者 1，有许多条直线可以分割两类目标，但是我们定义分割两类目标有最大距离的直线为最佳线性分类。直观上，我们很容易找到分类间隔最大的分类直线。得到一个超平面，公式如下：

$$Ax - b = 0 \tag{2-3}$$

其中，$A$ 是斜率向量，$x$ 是输入向量，对于这个公式有很多证明方式，但是，从几何观点看，这是二维数据点 $(x_0, y_0)$ 到一条直线 $y = Ax - b$ 的垂直距离

$$d = \frac{|y_0 - (Ax_0 - b)|}{\sqrt{A^2 + 1}} \tag{2-4}$$

同学们可以动手试试，想象自己拿了一根很粗的粉笔，要画一条线使得两类数据被正确分开，同时所画的线条是最粗的。那么这条最粗的直线就有最大的分类间隔，对应着支持向量机要找的分类直线。如图 2-7 所示的直角坐标系，$wx - b = 0$ 就是最大分类间隔。

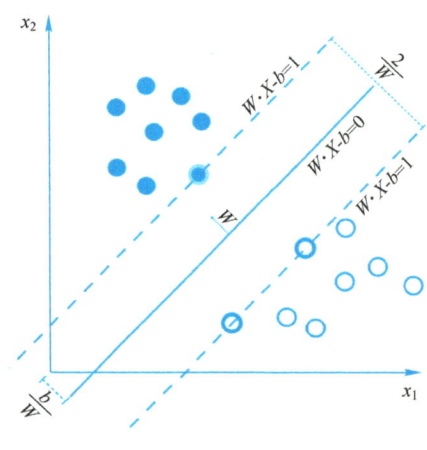

图 2-7 最大分类间隔

支持向量是那些能够定义分类直线的训练数据,也是那些最难被分类的训练数据。直观地说,它们就是对求解分类任务最富有信息的数据。我们来看一个例子,在图 2-8 中,箭头是我们在图 a 新增的样本点;图 b 是最大分类间隔的,可以将新增样本点正确分类;图 c 不是最大分类间隔,将新增样本错误分类,因此找到最大间隔可以将样本有效分类。

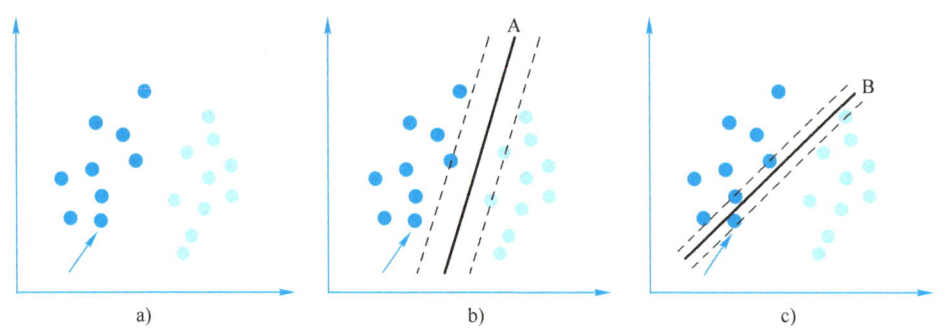

图 2-8 最大分类间隔例子

## 2.4 分类器的测试和应用

我们已经了解了两种分类器的学习算法:感知器与支持向量机。在得到分类器之后,我们希望知道分类器的分类效果怎么样,哪一个学习算法获得的分类器性能最好。于是,我们需要一个测试的环节,测试就像我们学习之后的考试。在考试中,同学们一般会面对一张试卷进行答题;答题结束后,老师进行阅卷,最终给出评分。

类似地,在分类器的测试阶段,它会面对批测试数据并要对每一个测试样本做出预测结果。如果分类的结果和测试样本的标注一样,那么分类正确,否则分类错误。比如在区分鸢尾花品种的例子中,测试数据中有一朵鸢尾花,它的花瓣长度是 1.5cm,宽度是 0.4cm。将测试样本的特征向量(1.5,0.4)画在特征空间中,如果它位于分类直线山鸢尾的一侧,预测为山鸢尾。如果这朵鸢尾花确实为山鸢尾,那么分类正确。

在整个测试集上都测试一遍后,我们统计出分类器分类正确的样本数,它与测试样本总数的比率可以反映预测的准确程度,被称为分类准确率,相当于老师进行阅卷后给出的分数。

分类准确率=(分类正确的样本数/测试样本总数)×100%

知道了分类准确率后,我们便知道了分类器的效果,这样就可以在多个分类器之间进行比较,选择一个最好的分类器。

经过测试选择了一个最佳的分类器,接下来就是它大显身手的时候了。如果我们看到了一朵鸢尾花,想知道它属于哪个品种,只需拿出尺子量一下它的花瓣长度和宽度,然后输入到训练好的分类器中,分类器就会输出它的预测结果。这个过程就是分类器的应用阶段。

## 2.5 习题

1. 二分类问题就是把事物分类成两类的问题,二分类的问题在实际生活中也存在着广泛的应用,请举例说明一些应用。
2. 分类分为三个阶段:特征提取、分类器的训练及_____。
3. 小学习率的优点是_____,缺点是_____。大学习率的优点是_____,缺点是_____。

4. 分类准确率=（分类_____的样本数/_____样本总数）×100%

5. 这是根据支持向量机分类器训练的模型结果，根据各个点所在类别选取了一条划分类别的超平面，现在，要取一些点测试模型，你认为选择哪些点可以证明模型的训练结果较好？并说出理由。

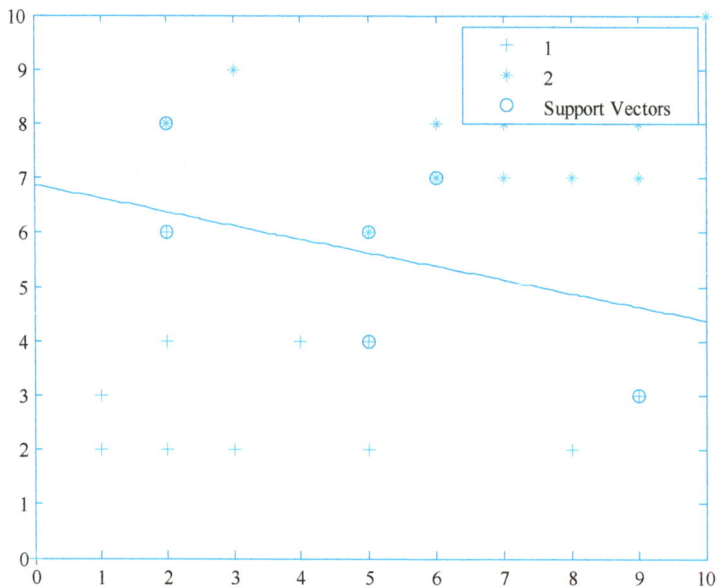

6. 下图表示三种分类情况：

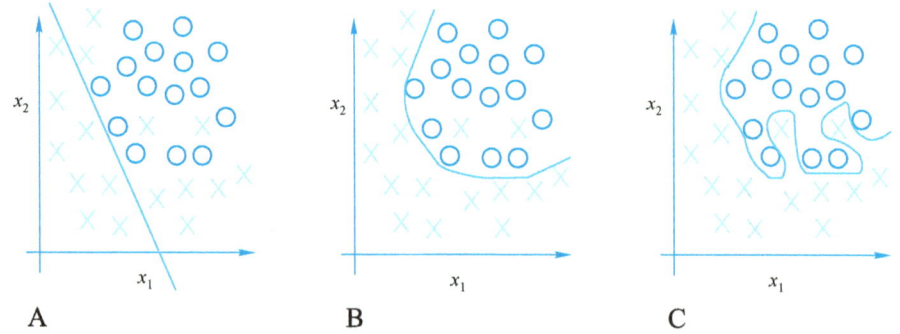

A　　　　　　　　B　　　　　　　　C

请问：在 A，B，C 这三种分类情况中，哪种是我们想看到的分类结果？并给出理由。

# 第 3 章  别具慧眼：识图人物

对于图片分类这个任务，我们应该使用什么样的流程，设计一个对图片进行分类的系统呢？应该使用什么样的特征来对图片分类？怎样从图片中有效提取它们呢？在回答这些问题之前，我们先了解一下计算机眼中的图片是什么样的。

## 3.1  计算机眼中的图像

在学习图像特征提取之前，先来看一下图像（image）在计算机中是如何表示的。如果将一幅图像放大，可以看到它是由一个个的小格子组成的，每个小格子是一个色块（图 3-1）。如果用不同的数字来表示不同的颜色，图像就可以表示为一个由数字组成的矩形阵列，称为矩阵（matrix），这样就可以在计算机中存储。这里的小格子我们称之为像素（pixel）；而格子的行数与列数，统称为分辨率（resolution）。我们常说的屏幕分辨率是 1280×720，指的就是这张图是由 1280 行、720 列的像素组成的，为了防止闪烁，每秒要重复几十次扫描过程。一般刷新频率大于 80Hz，人眼感受不到因屏幕刷新而产生的闪烁，这种显示器被称为映像设备。所谓位映像，就是指一个二维的像素矩阵,位图就是采用位映像方法显示和存储的图像。如图中的（x, y）点。反过来，如果给出一个数字组成的矩阵，我们将矩阵中的每个数值转换为对应的颜色，并在计算机屏幕上显示出来，就可以复现这张图像（图 3-2）。

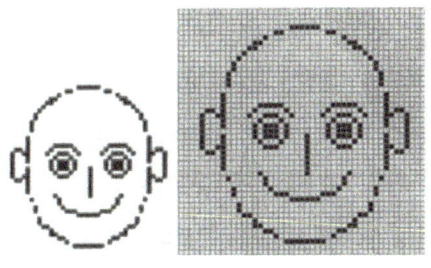

图 3-1  人脸和放大后的人脸位图

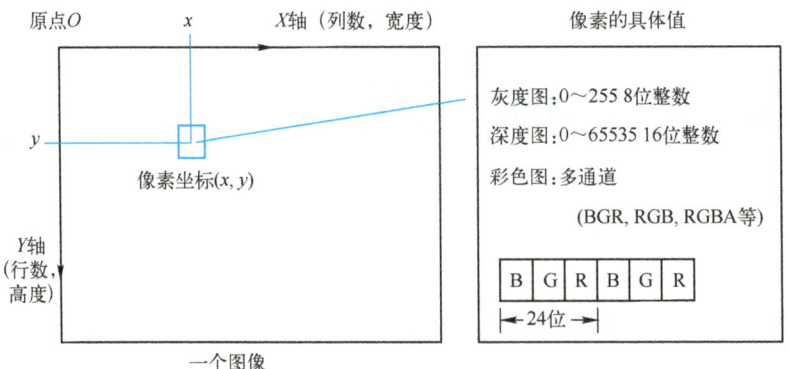

图 3-2 图像的像素

就像照片分为黑白和彩色一样，在图像里也有灰度图像和彩色图像之分。对于灰度图像，由于只有明暗的区别，因此只需要一个数字就可以表示出不同的灰度。通常用 8bit 对图像的每个像素点进行信息的存储，此时像素的颜色就可以被划分为 $2^8$=256 个取值，我们用 0 表示最暗的黑色，255 表示最亮的白色，介于 0 和 255 之间的整数则表示不同明暗程度的灰色（当只有 0 和 255 的时候，图像退化为二值图像）。对于彩色图像，我们用（R，G，B）三个数字来表示一个颜色，它表示用红（R）、绿（G）、蓝（B）三种基本颜色叠加后的颜色。对于每种基本颜色，我们也用 0～255 的整数表示颜色分量的明暗程度。三个数字中对应某种基本颜色的数字越大，表示该基本颜色的比例越大，例如，（255，0，0）表示纯红色，（0，255，0）表示纯绿色，（135，206，255）是天蓝色。

### 3.1.1 二值图像

如图 3-3 所示，二值图像（binary image），按名字来理解只有 0 和 1 两个值，0 代表黑，1 代表白，或者说 0 表示背景，而 1 表示前景。其保存也相对简单，每个像素只需要 1bit 就可以完整存储信息。如果把每个像素看成随机变量，一共有 $N$ 个像素，那么二值图像有 $2^N$ 种变化，而 8 位灰度图有 $255^N$ 种变化，8 位三通道 RGB 图像有 $(255×255×255)^N$ 种变化。也就是说同样尺寸的图像，二值图像保存的信息更少。二值图像上的每一个像素只有两种可能的取值或灰度等级状态，人们经常用黑白图像、单色图像表示二值图像。

图 3-3　二值图像

## 3.1.2　灰度图像

如图 3-4 所示，灰度图像（gray image）是二值图像的进化版本，是彩色图像的退化版本，也就是说灰度图像保存的信息没有彩色图像多，但比二值图像多，灰度图像只包含一个通道的信息，而彩色图像通常包含三个通道的信息，单一通道可以理解为单一波长的电磁波，所以，红外遥感、X 断层成像等单一通道电磁波产生的图像都为灰度图像，而且在实际中灰度图像易于采集和传输等性质的存在使得基于灰度图像开发的算法非常丰富。灰度图像是每个像素只有一个采样颜色的图像，这类图像通常显示为从最暗黑色到最亮白色的灰度，理论上这个采样可以是任何颜色的不同深浅，甚至可以是不同亮度上的不同颜色。灰度图像与黑白图像不同，在计算机图像领域中黑白图像只有黑色与白色两种颜色。但是，灰度图像在黑色与白色之间还有许多级的颜色深度。灰度图像经常是在单个电磁波频谱（如可见光）内测量每个像素的亮度得到的，用于显示的灰度图像通常用每个采样像素 8 位的非线性尺度来保存，这样可以有 256

级灰度（如果用 16 位，则有 65536 级）。

图 3-4　灰度图像

## 3.1.3　彩色图像

如图 3-5 所示，彩色图像中每个像素通常是由红（R）、绿（G）、蓝（B）三个分量来表示的，分量介于 0 到 255 之间。

通过对图像的初步学习，我们知道一张彩色图像可以用一个由整数组成的立方体阵列来表示。我们称这样按立方体排列的数字阵列为三阶张量（tensor）。这个三阶张量的长度与宽度即为图像的分辨率，高度为 3。对数字图像而言，三阶张量的高度也称为通道（channel）数，因此我们也说彩色图像有三个通道。矩阵可以看作是高度为 1 的三阶张量，因此灰度图像只有一个通道。

图 3-5　彩色图像

## 3.2　图像的特征概述

扫描二维码
可查看彩色图像

在正式学习图像特征之前，我们可以先简单思考下，什么样的特征可以区分这些照片呢?例如在下面的表格中，我们将"有没有翅膀"作为一个特征，就可以区分小鸟和小猫，也可以区分汽车和飞机。再将"有没有眼睛"作为另一个特征，我们就可以完美地区分这四类照片了。

表 3-1 可以区分四类照片的特征。

表 3-1　四类照片特征

|  | 小猫 | 小鸟 | 飞机 | 汽车 |
| --- | --- | --- | --- | --- |
| 特征 1：有无翅膀 | × | √ | √ | × |
| 特征 2：有无眼睛 | √ | √ | × | × |

知道要判断什么特征还远远不够，因为在确定了特征之后，我们还要有获得和提取这些特征的方法。对于人类而言，这个过程非常简单，我们只要看一眼图片，大脑就可以获取这些特征。但是对于计算机而言，一幅图片就是以特定方式存储的一串数据。让计算机通过一系列计算，从这些数据中提取类似"有没有翅膀"这样的特征是一件极其困难的事情。

在深度学习（deep learning）出现之前，图像特征的设计一直是计算机视觉领域中一个重要的研究课题。在这个领域发展的初期，人们手工设计了各种图像特征，这些特征以描述图像的颜色、边缘（edge）、纹理（texture）等基本性质，结合机器学习技术，能解决物体识别（object recognition）和物体检测等实际问题，下面简单介绍一下图像的特征。

### 3.2.1　主要的图像特征

**颜色特征**

颜色特征是图像检索中应用最为广泛的视觉特征，颜色直方图是在许多图像检索系统中被广泛采用的颜色特征（图 3-6）。它所描述的是不同色彩在整幅图像中所占的比例，而并不关心每种色彩所处的空间位置，即无法描述图像中的对象或物体，颜色直方图特别适于描述那些难以进行自动分割的图像。直方图中的数值都是统计而来，描述了该图像中关于颜色的数量特征，可以反映图像颜色的统计分布和基本色调。直方图只包含了该图像中某一颜色值出现的频数，而丢失了某像素所在的空间位置信息；任一幅图像都能唯一地给出一幅与它对应的直方图，但不同的图像可能有相同的颜色分布，从而就具有相同的直方图，因此直方图与图像是一对多的关系。

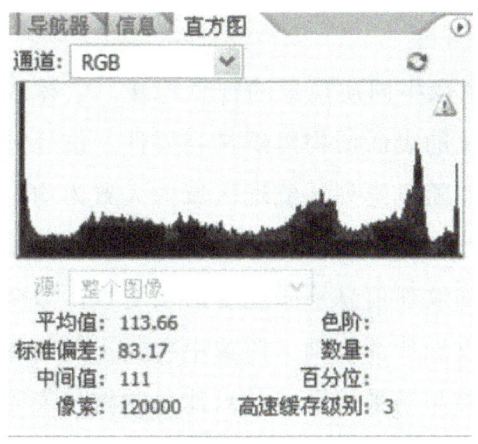

图 3-6　颜色直方图

**边缘特征**

边缘是图像最基本的特征之一，往往携带着一幅图像的大部分信息，而这些信息对于人们对图像进行高层次的特征描述、识别和理解具有重要的实用价值。我们需要通过一些图像处理的手段，将图中图像的轮廓提取出来，结果类似于图 3-7。

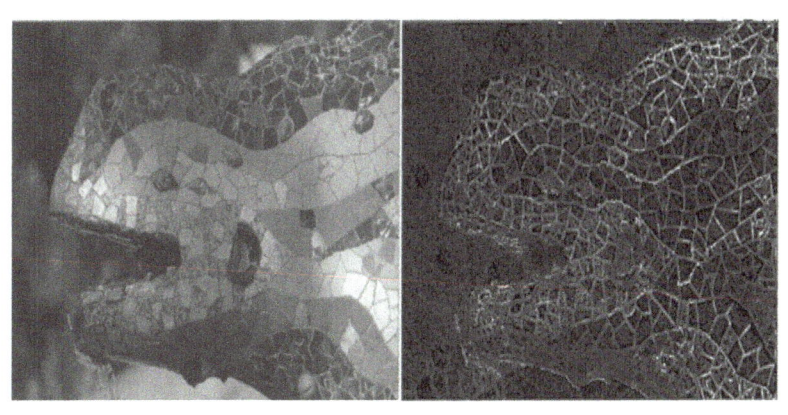

扫描二维码
可查看彩色图像

图 3-7　边缘特征提取

边缘特征又是图像的几何特征，往往出现在像素明显变化的区域，具有丰富的语义信息，常用于物体识别和几何、视角的变换。边缘的定义是像素明显变化的区域或一阶导数的极值区域。

**纹理特征**

纹理是一种反映图像中同质现象的视觉特征，它体现了物体表面的具有缓慢变化或者周期性变化的表面结构组织排列属性。纹理具有三大标志：某种局部序列性不断重复、非随机排列、纹理区域内大致为均匀的统一体。纹理不同于灰度、颜色等图像特征，它通过像素及其周围空间邻域的灰度分布来表现，即局部纹理信息。局部纹理信息不同程度的重复性，即全局纹理信息。

如图 3-8 所示，纹理特征刻画了图像中重复出现的局部模式与它们的排列规则，常用于图像分类和场景识别。其只能反映物体表面的特性，无法完全反映出物体的本质属性，所以仅仅利用纹理特征无法获得图像的高层次内容。其优点是具有旋转不变性和良好的抗噪性能，但是当图像的分辨率变化的时候，所计算出来的纹理可能会有较大偏差，而且有可能受到光照、反射情况的影响，有时从二维图像中反映出来的纹理不一定是三维物体表面真实的纹理。

图 3-8　图像的纹理特征

## 3.2.2　卷积运算

张量是数学、物理及工程等学科中的一个基本概念，我们之前遇到的许多概念都是张量的特殊形式，例如标量属于零阶张量，向量是一阶张量，而矩阵是二阶张量。既然图像在计算机中可以表示成三阶张量，那么从图像中提取特征便是对这个三阶张量进行运算的过程。其中非常重要的一种运算是卷积

（convolution），卷积运算在图像处理以及其他许多领域有着广泛的应用，卷积和加减乘除一样，是一种数学运算。参与卷积运算的可以是向量、矩阵或三阶张量，我们先从向量的卷积入手，讲解卷积的基本步骤，再将其推广到矩阵和三阶张量。

两个向量卷积的结果仍然是一个向量。它的计算过程如图 3-9 所示。我们首先将两个向量的第一个元素对齐，并截去长向量中多余的元素，然后，我们计算这两个维数相同的向量的内积，并将算得的结果作为结果向量的第一个元素。接下来，我们将短向量向下滑动一个元素，从原始的长向量中截去不能与之对应的元素，并计算内积。重复"滑动、截取、计算内积"这个过程，直到短向量的最后一个元素与长向量的最后一个元素对齐为止。最后就可以得到这两个向量卷积的结果。作为一种特殊情形，当两个向量的长度相同时，不需要进行滑动操作，卷积结果是长度为 1 的向量，结果向量中这个元素就是两个向量的内积。

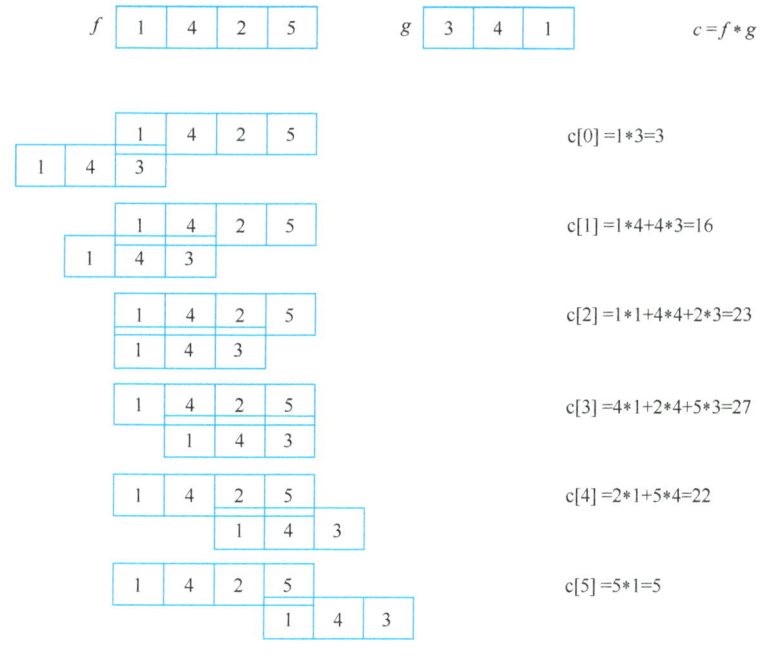

图 3-9　卷积运算

类似地，我们可以定义矩阵的卷积。在此之前，我们首先需要将内积运算拓展到矩阵上。图 3-10 给出了一个两个矩阵卷积运算的例子。假设有一个 3×3

的矩阵 h，有一个待处理的矩阵 x，h*x 的计算分为三步。

| −1 | −2 | −1 |
|---|---|---|
| 0 | 0 | 0 |
| 1 | 2 | 1 |

| 1 | 2 | 3 | 4 |
|---|---|---|---|
| 5 | 6 | 7 | 8 |
| 9 | 10 | 11 | 12 |
| 13 | 14 | 15 | 16 |

图 3-10　矩阵 h 和 x

第一步，将 h 翻转 180°如图 3-11 所示。

| 1 | 2 | 1 |
|---|---|---|
| 0 | 0 | 0 |
| −1 | −2 | −1 |

图 3-11　第一步

第二步，将卷积核 h 的中心对准 x 的第一个元素，然后对应元素相乘后相加，没有元素的地方补 0，如图 3-12 所示。

| 1*0 | 2*0 | 1*0 |  |  |
|---|---|---|---|---|
| 0*0 | 0*1 | 0*2 | 3 | 4 |
| −1*0 | −2*5 | −1*6 | 7 | 8 |
|  | 9 | 10 | 11 | 12 |
|  | 13 | 14 | 15 | 16 |

图 3-12　第二步

这样结果 $Y$ 中的第一个元素 $Y_{11}$ 值为 $Y_{11}=1*0+2*0+1*0+0*0+0*1+0*2+(-1)*0+(-2)*5+(-1)*6=-16$

像这样计算其他元素的值，可以得到结果如图 3-13 所示。

| −16 | −24 | −28 | −23 |
| --- | --- | --- | --- |
| −24 | −32 | −32 | −24 |
| −24 | −32 | −32 | −24 |
| 28 | 40 | 44 | 35 |

图 3-13 结果

向量的卷积到矩阵的卷积的转变实质上是从一维卷积到二维卷积的转变,所以在进行向量的卷积时,我们只需要沿着一个方向进行滑动;而在进行矩阵之间的卷积时,较小矩阵形成的窗口就需要沿着横向和纵向两个方向进行滑动了。

### 3.2.3 卷积提取特征

卷积运算在图像处理中应用十分广泛,许多图像特征提取方法都会用到卷积。以灰度图为例,我们知道在计算机中灰度图像被表示为一个整数的矩阵。如果我们用一个形状较小的矩阵和这个图像矩阵做卷积运算,就可以得到一个新的矩阵,这个新的矩阵可以看作是一幅新的图像。换句话说,通过卷积运算,我们可以将原图像变换为一幅新图像。这幅新图像有时候比原图像更清楚地表示了某些性质,我们就可以把它当作原图像的一个特征。这里用到的小矩阵就称为卷积核(convolution kernel)。通常,图像矩阵中的元素都是介于 0~255 的整数,但是卷积核中的元素可以是任意实数。如图 3-14 所示。

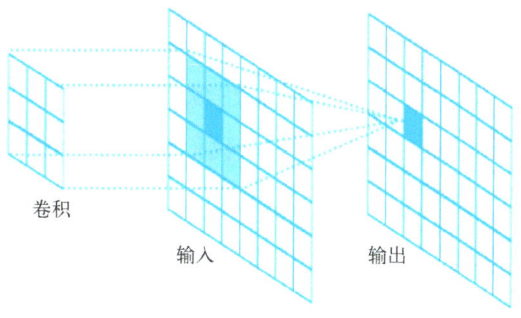

图 3-14 卷积核

通过卷积，我们可以从图像中提取边缘特征。在没有边缘的比较平坦的区域，图像的像素值变化比较小，而横向边缘上下两侧的像素差异明显，竖向边缘左右两侧的像素也会有较大差别。在图 3-15 的例子中，我们用卷积核 $\begin{pmatrix} -1 & 0 & 1 \\ -2 & 0 & 2 \\ -1 & 0 & 1 \end{pmatrix}$ 与原图像进行卷积运算，可以从图像中提取出竖向边缘。

图 3-15  卷积运算提取竖向边缘特征

如果我们将卷积核换为 $\begin{pmatrix} -1 & -2 & -1 \\ 0 & 0 & 0 \\ 1 & 2 & 1 \end{pmatrix}$，则可以与此类似地从图像中提取出横向边缘。事实上，这两个卷积核分别计算了原图像上每个 3×3 区域内左右像素或上下像素的差值（为了将运算结果以图像的形式展示出来，我们对运算结果取了绝对值）。通过这样的减法运算，我们就可以从图像中提取出不同的边缘特征。

更进一步地，研究者们设计了一些更加复杂而有效的特征。方向梯度直方图（histogram of oriented gradients，HOC）是一种经典的图像特征，在物体识别和物体检测中有较好的应用。方向梯度直方图使用边缘检测技术和一些统计学方法，可以表示出图像中物体的轮廓。由于不同的物体轮廓有所不同，因此我们可以利用方向梯度直方图特征区分图像中不同的物体。如图 3-16 所示。

 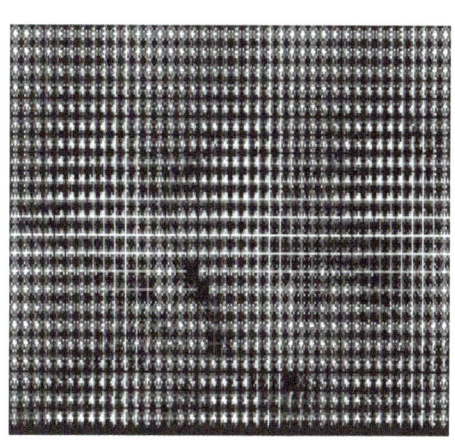

图 3-16　方向梯度直方图

方向梯度直方图的提取过程主要包括三个步骤。首先利用卷积运算从图像中提取出边缘特征。接下来，将图片划分成若干区域，并对边缘特征按照方向和幅度进行统计，并形成直方图。最后将所有区域内的直方图拼接起来，就形成了特征向量。具体过程相对复杂，我们在这里略去。

## 3.3　图像的几何变换

几何变换是图像的一种基本变换，它通常包括图像的平移、镜像变换、转置、缩放和旋转等。

### 3.3.1　图像的平移

图像平移就是将图像中所有点都按照指定的平移量水平或垂直移动。图 3-17 是没有平移过的原始图像和水平、垂直都平移 100 像素后的图像。

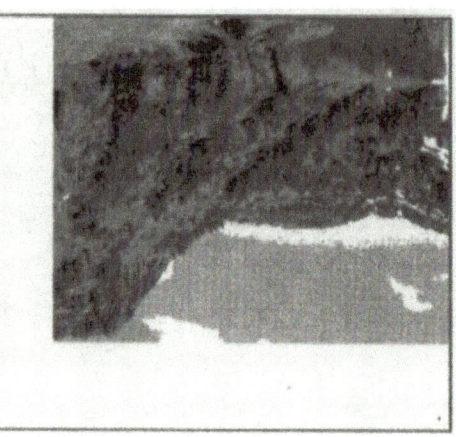

图 3-17 原始图像和向右下平移后的图像

设 $(x_0, y_0)$ 为原图像上的一点,图像水平平移量为 $tx$,垂直平移量为 $ty$,则平移后点 $(x_0, y_0)$ 坐标将变为 $(x_1, y_1)$,如图 3-18 所示。

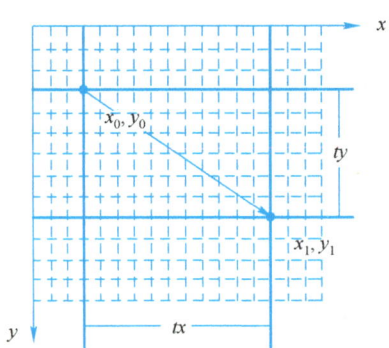

图 3-18 图像平移示意图

这样平移后的图像上的每一点都可以在原图像中找到对应的点。对于不在原图中的点,可以直接将它的像素值统一设置为 0 或者 255(对于灰度图就是黑色或白色)。同样,若有点不在原图中,也就说明原图中有点被移出显示区域。如果不想丢失被移出的部分图像,可以将新生成的图像宽度扩大 $|tx|$,高度扩大 $|ty|$。

### 3.3.2 图像的镜像变换

图像的镜像（mirror）变换分为两种：一种是水平镜像，另一种是垂直镜像。图像的水平镜像操作是将图像左半部分和右半部分以图像垂直中轴线为中心镜像进行对换，图像的垂直操作是将图像上半部分和下半部分以图像水平中轴线为中心镜像进行对换。

设图像高度为 $lHeight$，宽度为 $lWidth$，原图中 $(x_0, y_0)$ 经过水平镜像后坐标变为 $(lWidth - x_0, y_0)$。如图 3-19 所示。

图 3-19 图像的水平镜像

同样，$(x_0, y_0)$ 经过垂直镜像后坐标将变为 $(x_0, lHeight - y_0)$，按照上面的变换，可以非常简单地实现图像的水平和垂直镜像操作。如图 3-20 所示。

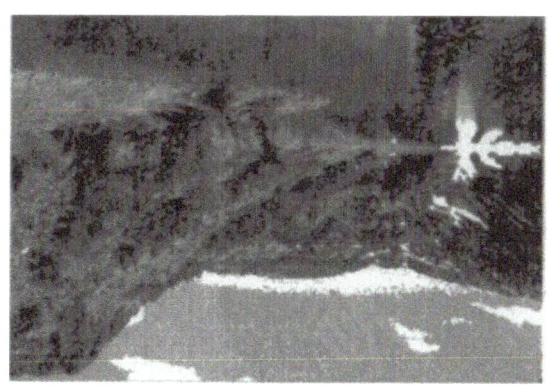

图 3-20 图像的垂直镜像

### 3.3.3 图像的转置

图像的转置（transpose）操作是将图像像素的 $x$ 坐标和 $y$ 坐标互换。该操作将改变图像的大小，使图像的高度和宽度互换。

图像转置和下面将介绍的图像旋转是不同的，仅通过图像旋转是不可能实现图像转置的。旋转操作必须结合镜像操作才能实现图像的转置，即首先水平镜像，然后逆时针旋转 90°。如图 3-21 所示。

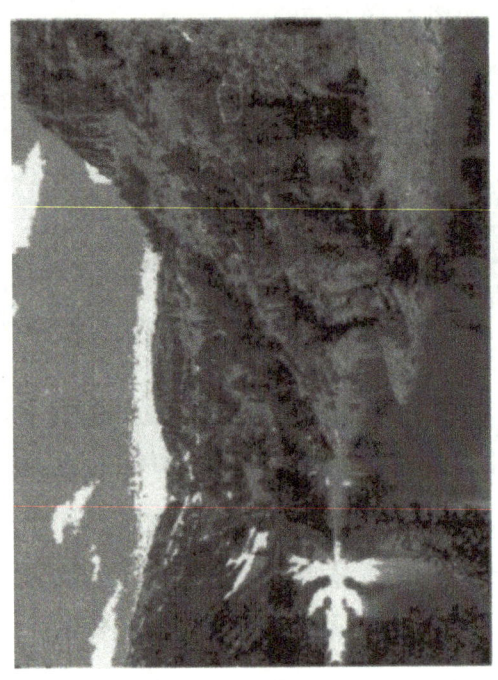

图 3-21　图像的转置

### 3.3.4 图像的缩放与旋转

上面介绍的几种图像几何变换都是 1∶1 的变换，本节介绍的图像变换将涉及图像的缩放和旋转操作。图像的缩小操作过程就是如何在现有的信息里挑选所需要的有用信息。而在图像的放大操作中，则需要对尺寸放大后所多出来的空格填入适当的像素值，这是信息的估计问题，所以较图像的缩小要难些。这些操作产生的图像中的像素可能在原图中找不到相应的像素点，这样就必须进行近似处理。一般的方法是直接赋值为和它最相近的像素值，也可以通过一些插值算法来计算。例如，图 3-22 所示是未放大的图像，图 3-23 所示是两种方法放大后的图像，其中，左图是按最近邻方法放大，右图是按插值法放大。

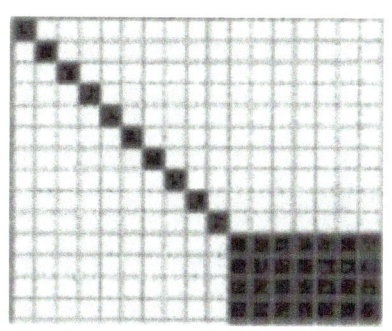

图 3-22　未放大的图像

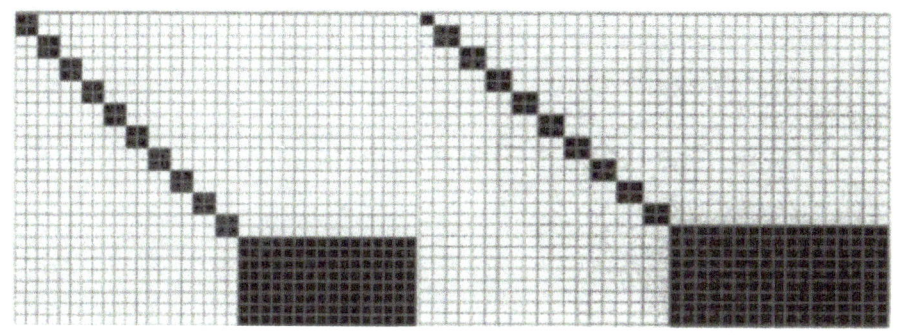

图 3-23　两种方法放大两边后的图像

一般地，按比例将原图放大 $k$ 倍，如果按照最近邻法则需要将一个像素值添加在新图像的 $k×k$ 子块中。显然，如果放大倍数太大，按照这种方法处理会出现马赛克效应。当图像的长宽不同时，图像将在长和宽的方向按不同比例放大，会产生图像的几何畸变。为了提高变换后的图像质量，常常采用线性插值法。

下面介绍一种相对复杂的几何变换：图像的旋转。一般图像的旋转是以图像的中心为原点，旋转一定的角度。旋转后，图像的大小一般会改变。和图像平移一样，既可以把转出显示区域的图像截去，也可以扩大图像范围以显示所有的图像。如图 3-24～图 3-26 所示。

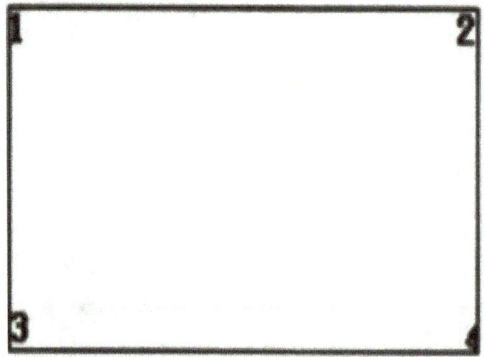

图 3-24　旋转前的图像

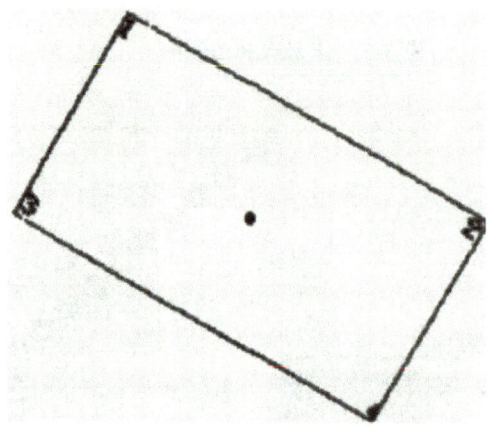

图 3-25　旋转角度 θ 后的图像（放大）

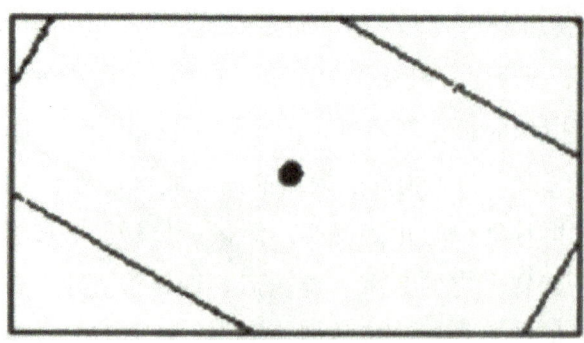

图 3-26　旋转角度 θ 后的图像（旋转出部分被截）

## 3.4 深度神经网络

一个神经网络通常由多个顺序连接的层组成，第一层一般以图像为输入，通过特定的运算从图像中提取特征。接下来每一层以前一层提取出的特征为输入，对其进行特定的形式变换便可以得到更复杂一些的特征。这种层次化的特征提取过程可以累加，赋予神经网络强大的特征提取能力。经过很多层的变换之后，神经网络就可以将原始图像变换为高层次的抽象的特征。

### 3.4.1 从感知器到神经网络

在 2.3.2 节我们介绍了感知器，由于这个模型只能用于二元分类，且无法学习比较复杂的非线性模型，在工业界无法使用。神经网络则在感知器的模型上做了扩展，主要有以下三点。

（1）加入了隐藏层，隐藏层可以有多层，增强模型的表达能力，如图 3-27 所示实例，当然增加了四个隐藏层，模型的复杂度也增加了很多。

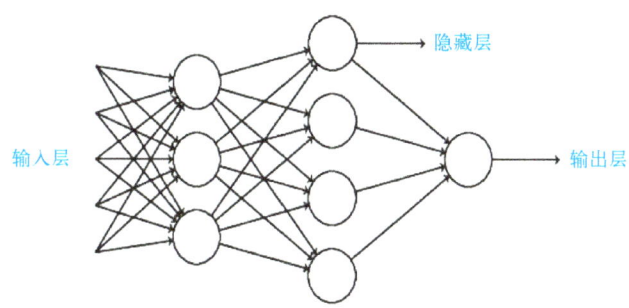

图 3-27　加入隐藏层的网络

（2）输出层的神经元也可以不止一个输出，可以有多个输出，这样模型可以灵活地应用于分类回归，以及其他的机器学习领域，比如降维和聚类等。多个神经元输出的输出层对应的一个实例如图 3-28 所示，输出层现在有 4 个神经元了。

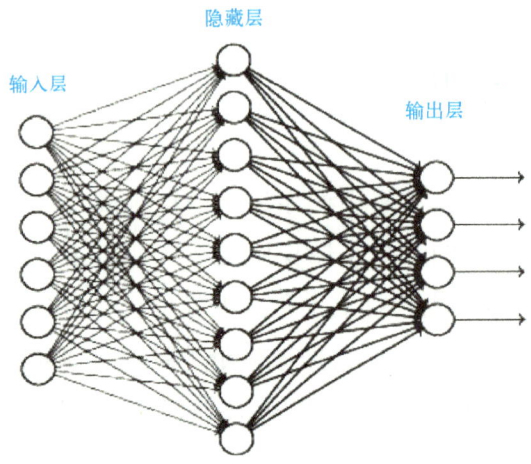

图 3-28　4 个神经元的输出层

（3）对激活函数做扩展，感知器的激活函数比较简单，但是处理能力有限，因此神经网络中一般使用的是其他的激活函数，如果我们在每次线性运算后，再进行一次非线性运算，那么每次变换的效果就可以得以保留。非线性激活层的形式有许多种，它们基本形式是先选定某种非线性函数，再对输入特征图或特征向量的每一个元素应用这种非线性函数，得到输出。

ReLU（修正线性单元）、Sigmoid 和 tanh（双曲正切函数）等激活函数都是较为常见的激活函数。图 3-29 是 Sigmoid 激活函数。

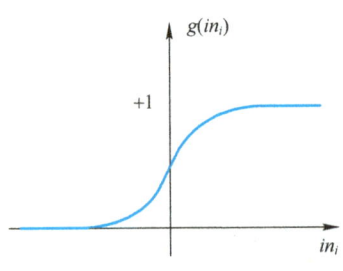

图 3-29　Sigmoid 激活函数

考虑到 Sigmoid 函数在网络较深时出现的弥散问题，该函数在变量趋近于无穷时斜率无限逼近于 0，这样会对模型的收敛产生不好的影响，因此许多神经网络模型使用的是 ReLU 激活函数，从图 3-30 可以看出来，ReLU 激活函数的斜率不会出现为零的情况。

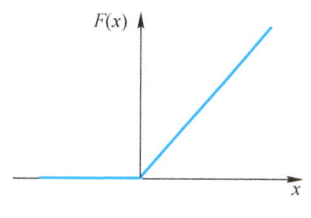

图 3-30　ReLU 激活函数

### 3.4.2　深度神经网络的基本结构

在 3.4.1 节我们了解了神经网络基于感知器的扩展,而深度神经网络(DNN)可以理解为有很多隐藏层的神经网络。因此 DNN 有时也叫作多层感知器(multi-layer perceptron,MLP)。从 DNN 按不同层的位置划分,DNN 内部的神经网络层可以分为三类:输入层(input layer),隐藏层(hidden layer)和输出层(output layer),如图 3-31 所示示例,一般来说第一层是输入层,最后一层是输出层,而中间的层数都是隐藏层。

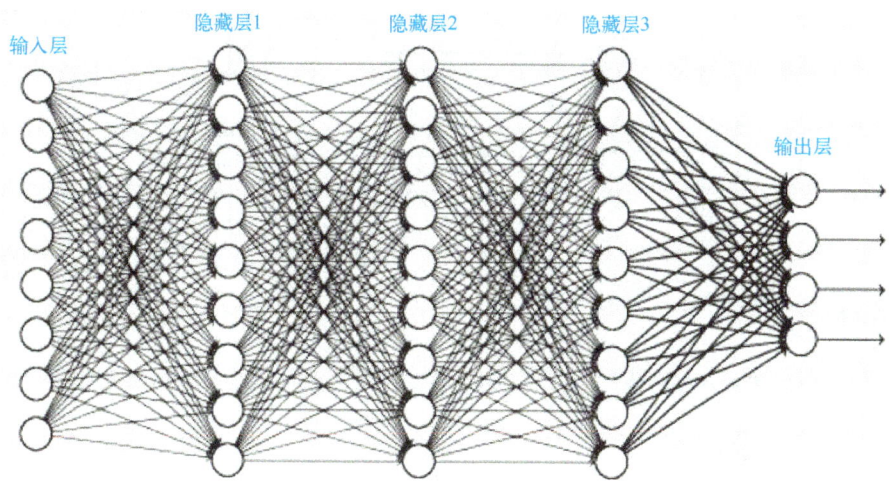

图 3-31　深层感知器

层与层之间是全连接的,也就是说,第 $i$ 层的任意一个神经元一定与第 $i+1$ 层的任意一个神经元相连。虽然 DNN 看起来很复杂,但是从小的局部模型来说还是和感知器一样,即一个线性关系 $z = \sum w_i x_i + b$ 加上一个激活函数 $\sigma(Z)$。

由于 DNN 层数多，线性关系系数 $w$ 和偏置量 $b$ 的数量也就增多了。

## 3.5 卷积神经网络

卷积层是深度神经网络在处理图像时常用的一种层，当一个深度神经网络以卷积层为主体时，我们称之为卷积神经网络。卷积神经网络是由 LeCun 在 1989 年首先提出的，标准的卷积神经网络是一种特殊的、前馈的、比较深的，并且包含许多隐藏层的网络模型结构，应用在例如在时间轴上具有规律的时间序列数据。卷积网络已经在实际应用中取得巨大成功，从字面上理解，"卷积神经网络"就是表示该网络采用称之为卷积的数学运算，卷积网络就是使用卷积操作代替在其至少一层神经网络中进行一般的矩阵乘法。图 3-32 是一个典型卷积神经网络——Alex Net 卷积神经网络。

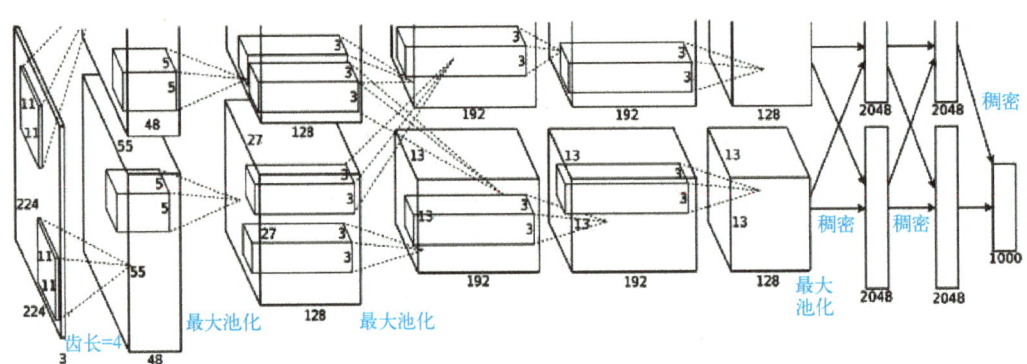

图 3-32  Alex Net 卷积神经网络

### 3.5.1 卷积层

神经网络中的卷积层就是用卷积运算对原始图像或者上一层的特征进行变换的层。在 3.2 节我们学习了边缘特征的提取，知道一种特定的卷积核可以对图像进行一种特定的变换，从而提取出某种特定的特征，我们通常使用多个卷积核对输入的图像进行不同的卷积操作，一个卷积核可以得到一个通道为 1 的三阶张量，多个卷积核就可以得到多个通道为 1 的三阶张量结果。把这些结果组合起来，就可以得到新的三阶张量，这个三阶张量的通道数就等于使用的卷积核个数。由于每一个通道都是从原图像中提取的一种特征，将这三阶张量称为特征图。这个特征图就是卷积层的最终输出。

特征图与彩色图像都是三阶张量，也都有若干个通道。因此卷积层不仅可以作用于图像，也可以作用于其他层输出的特征图。通常，一个深度神经网络的第一个卷积层会以图像作为输入，而之后的卷积层会以前面的层输出的特征图为输入。

### 3.5.2 池化层

在卷积神经网络中，我们经常会见到池化操作，而池化层往往在卷积层后面，通过池化来降低卷积层输出的特征向量，同时改善结果（不易出现过拟合）。为什么可以通过池化层降低维度呢？因为图像具有一种"静态性"的属性，这意味着在一个图像区域有用的特征极有可能在另一个区域同样适用。因此，为了描述大的图像，一个很自然的想法就是对不同位置的特征进行聚合统计，例如，可以计算图像在一个区域上的某个特定特征的平均值（或最大值）来代表这个区域的特征。

下面来看两种池化操作。一种是 max-pooling（最大池化操作），选图像区域的最大值作为该区域池化后的值，如图 3-33 所示一个 4×4 的矩阵，将其分割成四块 2×2 的矩阵，取每块矩阵的最大值作为池化层的输出，最后以一个 2×2 的矩阵输出，最大池化操作可以起到降维的作用。

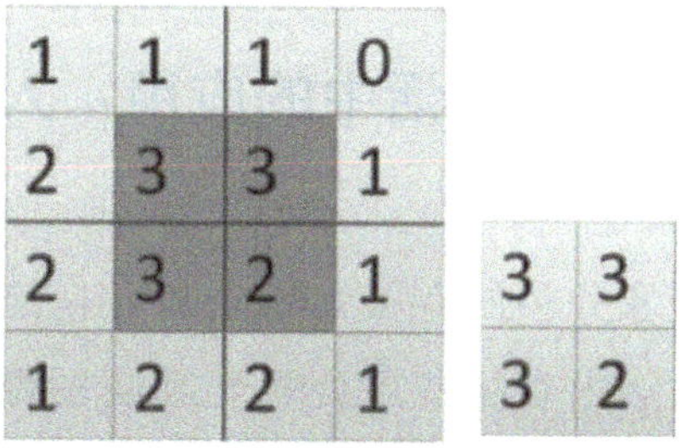

图 3-33 最大池化操作

另一种池化操作是 mean-pooling（平均池化操作），就是计算图像区域的平均值作为该区域池化后的值，取分割后小矩阵的平均值作为池化层的输出，如图 3-34 所示。

| | | | |
|---|---|---|---|
| 1 | 1 | 1 | 0 |
| 2 | 3 | 3 | 1 |
| 2 | 3 | 2 | 1 |
| 1 | 2 | 2 | 1 |

| | |
|---|---|
| 7/4 | 5/4 |
| 2 | 3/2 |

图 3-34　平均池化操作

### 3.5.3　全连接层

在图片分类任务中，输入图片经过若干卷积层之后，将得到的特征图转换为特征向量。如果需要对这个特征向量进行变换，经常用到的便是全连接层（fully-connected layer）

在全连接层中，我们会使用若干维数相同的向量与输入向量做内积操作，并将所有结果拼接成一个向量作为输出。具体来说，如果一个全连接层以向量 $\boldsymbol{X}$ 作为输入，我们会用总共 $K$ 个维数相同的参数向量 $\boldsymbol{W}_{\mathrm{k}}$ 与 $\boldsymbol{X}$ 做内积运算，再在每个结果上加上一个标量 $b_k$，即完成 $y_k=\boldsymbol{X}\cdot\boldsymbol{W}_k+b_k$ 的运算。最后，将 $K$ 个标量结果 $y_k$ 组成向量 $\boldsymbol{Y}$ 作为这一层的输出。

## 3.6　图像分类在日常生活中的应用：人脸识别

在初步了解了图像分类的有关知识之后，问题来了，图像分类到底在我们的日常生活中有哪些用处呢？其实图像分类技术在日常生活中已经处处可见，有着广泛的应用，比如人脸识别、图像搜索等。在这里我们就以人脸识别为例，介绍一下图像分类和深度学习给生活带来的变化。

2014 年，香港中文大学团队的工作使得机器在人脸识别任务上的表现第一次超越了人类。从这一里程碑式的事件开始,"人脸识别"也成为深度学习算法着力研究的任务之一,并在不断的发展和演进中成为最先实现落地和改变我们生活的深度学习应用之一。

在深度神经网络被应用于"人脸识别"任务之前,传统的机器学习算法也曾试图解决这一问题。但是由于传统算法在识别过程中,无法同时确保准确率与识别效率,这一情况使得传统人脸识别算法很难达到应用规模。而当前的在亿万级别人脸数据上训练得到的深度模型,在使用时可以同时满足大规模和高精度的要求,从而真正应用于生活的方方面面。

人脸识别是从一张数字图像或者一帧视频中,由"找到人脸"到"认出人脸"的过程,其中"认出人脸"就是一个图像分类的任务。具体地,整个识别过程一般包括以下几个步骤:人脸检测、特征提取、人脸比对和数据保存与分析。人脸检测即对包含用户脸部的图像进行检测,找到人脸所在的位置、人脸角度等信息,也就是完成"看得到"的过程。特征提取则是要让机器"看得懂":通过对人脸检测步骤中检测出的人脸部分进行分析,得到人脸相应的特征,如五官特点、是否微笑、是否戴眼镜等特征信息。这两步得到的信息,将被用于与人脸数据库中已经记录的人像(如身份证照片)以一定的方法相比对,也就是解决"跟谁像"的问题。最后,这些分析结果将根据具体的情况被使用,服务于最终的实际应用场景。

让机器"看得到""看得懂""认得出"人脸这件事,本身有什么意义呢?下面我们通过几个具体的应用示例,带领同学们感受一下,作为深度学习典型代表的人脸识别技术,是如何给我们的生活带来美好变化的。

### 3.6.1 刷脸时代:人脸识别让生活更便捷

从第一台计算机诞生至今,我们的生活经历了由互联网产业发展所带来的巨变,开始进入足不出户可知天下事的"信息时代"。而自杰弗里·辛顿等人于2000年提出深度学习的概念,这个可以使得神经网络具有更高效、更强大能力的技术热点,在短暂沉寂之后,以一种不可阻挡的态势迅速改变着我们的生活,带领我们进入"人工智能时代"(图3-35)。

图 3-35 人工智能时代

以人脸识别技术为切入点和代表，我们可以实实在在地感受到生活越来越便捷。出门购物时，我们不用再一次又一次地输入密码，只需要"刷脸"即可迅速完成支付；地铁出行时，我们不用担心忘带地铁卡，进站时进站系统将自动进行人脸扫描，"刷脸"即可进站，这样的方式也很好地避免了排队买票和排队进站的情况，极大地节约了出行时间；早上上班或进入学校，再也不需要考勤人员辛辛苦苦进行记录，门口的刷脸考勤系统将会自动识别和记录你进入的时间，保证了考勤记录的真实公正。还有刷脸解锁、刷脸取款等，人脸识别技术的具体应用不胜枚举，我们的生活也在人工智能技术的推动下，逐渐进入更丰富、更便捷、更美好的新纪元。

### 3.6.2 天网恢恢：人脸识别技术助力安防

车站里人山人海，偷窃国宝的犯罪嫌疑人就混在人群之中，便衣民警们搜寻嫌疑人的难度无异于大海捞针。此时，远在城市另一处的指挥部大厅里，高清监控的影像被投影在屏幕上，监控视频中黑压压的人群如潮水般涌动，人眼几乎无法从监控视频中捕捉到有效信息。但是民警们并不苦恼于此，因为人工智能技术早已帮他们完成了这一切。人潮中每一张人脸都被精确地检测和识别，近乎实时地完成了特征提取与分析，并与罪犯库中的通缉犯进行比对（图 3-36）。

突然，警报声响彻指挥大厅，嫌疑人被找到了！"火眼金睛"的人脸识别系统已经精确地在人群中找到并圈出嫌疑人的位置，指挥员迅速向现场的便衣民警下达指令，不出片刻，犯罪嫌疑人就落网了。

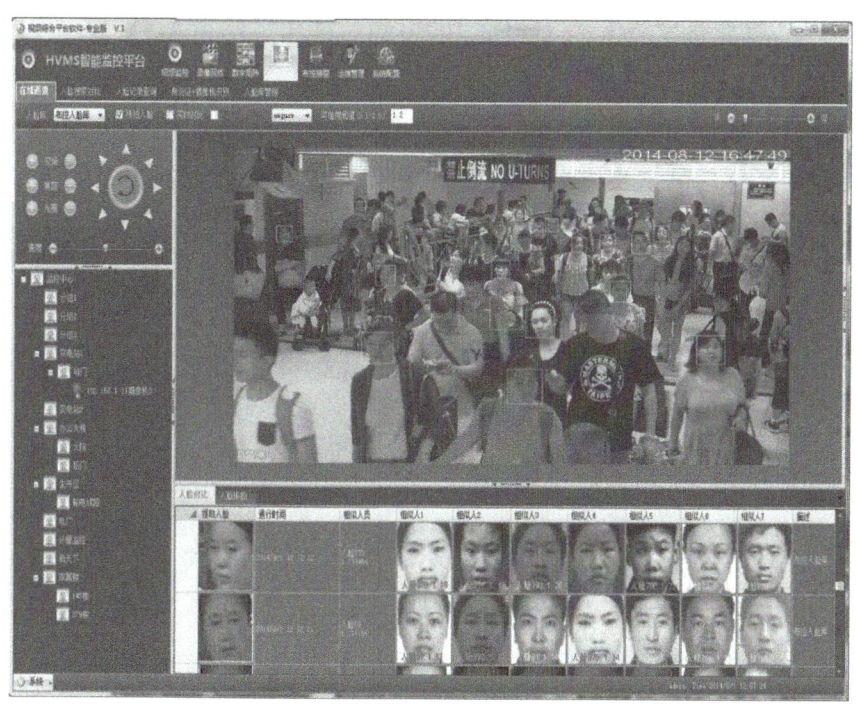

图 3-36　人脸识别

上面描述的就是人工智能中人脸识别技术助力公安抓捕犯罪嫌疑人的场景。随着人口数量的增加和人口流动性的增强，安保工作的重要性逐渐增加，并面临更大的挑战。触犯法律的人总是存在一些侥幸心理，认为自己可以隐姓埋名或藏匿于市井，逃脱法律的制裁。而完善的人脸布控系统将让所有的罪犯都无从藏匿。人脸布控系统和前沿的人脸识别技术，配合逐渐完善的监控网络，通过构建一套从感知、预警、分析到决策的自动化系统，能从监控视频中实时提取有用信息，让我们的监控系统从"无得清"逐渐升级到更高层次的"看得懂"。

相信终有一日，所有罪犯都将在严密的人脸布控系统中无处遁形，那么我们的社会与《礼记·礼运》大同篇中所描绘的美好愿景会越来越接近。

## 3.7 习题

1. 常说的屏幕分辨率是 1680×1050，指的就是这张图是由＿＿＿＿＿＿组成的。

2. (0, 255, 0) 表示的是＿＿＿＿色。

3. 图像的几何变换有哪些类型，并说明下图是哪种类型的图像变换。

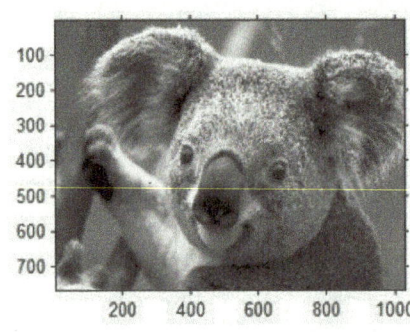 

4. 请说明人脸识别技术在生活中的应用，并结合实际例子说明该技术对生活的影响。

5. 请回答下图是什么神经网络，并简单说明该网络的结构。

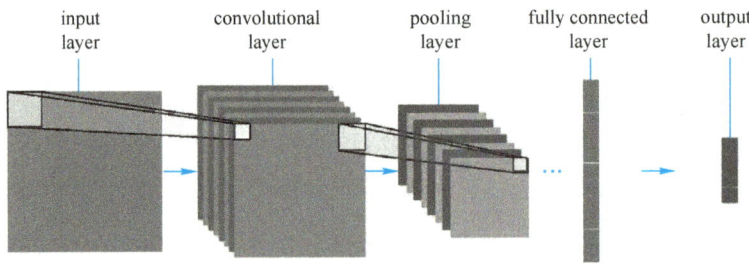

6. 请将该 4×4 的矩阵大小缩小降维一半，按照最大池化的操作。

| 9 | 3 | 5 | 10 |
|---|---|---|---|
| 8 | 11 | 12 | 7 |
| 4 | 7 | 13 | 6 |
| 11 | 6 | 5 | 8 |

# 第 4 章　耳听八方：析音赏乐

## 4.1　声音的三要素

我们在物理课上就学习过声波的产生和传播原理，声波由物体振动产生，经介质传播，最后到达人耳被人感知。就像我们在生物课上也学习过的一样，声波由耳郭收集之后经一系列结构的传导到达耳蜗，耳蜗内有丰富的听觉感受器，可将声音传导到听神经，最后引起听觉（图 4-1）。

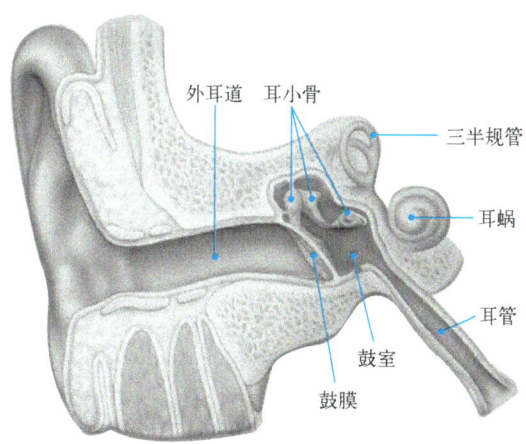

图 4-1　听觉系统

响度、音调和音色是描述声音特性的三个要素。

### 4.1.1　音调

人耳对声音高低的感觉称为音调。音调主要与声波的频率有关。频率（frequency）是声音的重要特征，它代表了发声物体在 1s 内振动的次数，单位是赫兹（Hz），声波的频率高，则音调也高。

人耳的精妙结构也决定了我们对不同频率的声音有着不同的敏感程度，如图 4-2 所示，横坐标代表频率，纵坐标代表引起人耳听觉的声音强度，单位是分贝（dB），这个值越小代表人耳对该频率的声音越敏感。有趣的是，人耳最敏感的频率与婴儿发声的频率大致相同。人发声的频率范围在 85~1100Hz，从下图中我们也可以看到，人耳对这段范围内的频率也是相对敏感的，这就是说人耳的构造很大程度上为人与人之间的交流提供了便利，试想如果我们连超声波都听得一清二楚，那世界会变得多么喧嚣。下图的频谱图横坐标代表频率，纵坐标表示频谱幅度，其含义是相应频率的声音所对应的振幅。因为一段音频中不同频率的声音强度相差很大，所以频谱幅度通常使用对数坐标，即振幅每相差 10 倍，频谱幅度相差 20 倍。

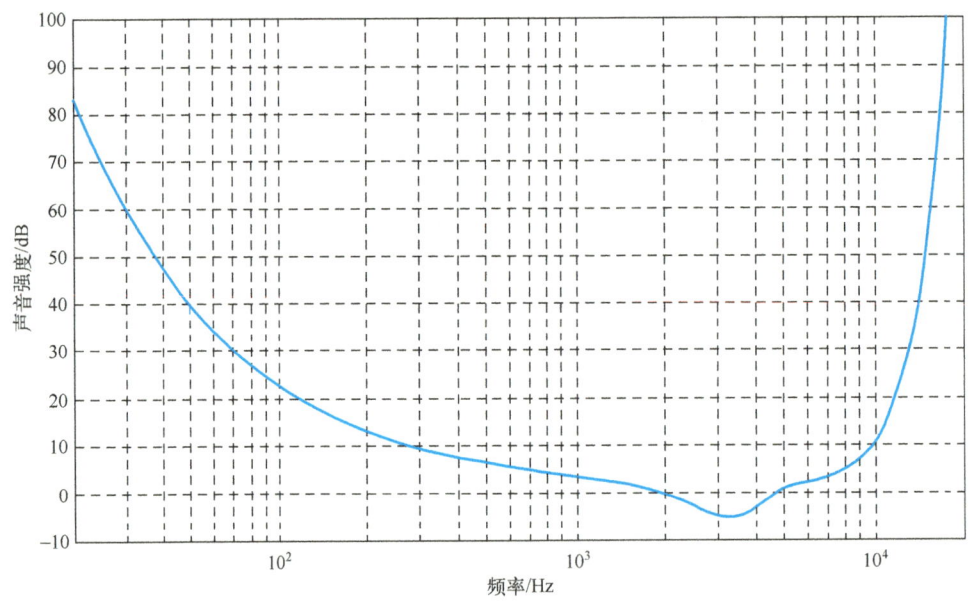

图 4-2 人耳对不同频率声音的敏感度

频率越大，音调越高；频率越小，音调越低。男低音歌唱家可以低到 65 次/s，而女高音歌唱家可以高达 1180 次/s。

## 4.1.2 响度

人耳对声音强弱的主观感觉称为响度。响度和声波振动的幅度有关。一般来说，声波振动幅度越大则响度也越大。

物体在振动时偏离原来位置的最大距离叫振幅。实验表明，音叉、橡皮筋的振幅越大，人们听到的声音越大。所以，人耳感觉到的声音的大小——响度，跟发声体的振幅有关系。振幅越大，响度越大；振幅越小，响度越小。对响度的判断还与判断事物和发声体的远近有关系。声音是从发声体向四面八方传播的，越到远处越分散，所以人们距发声体越远，听到的声音越小。如果能够想办法减小声音的分散，就可以使声音响度更大些。听觉中的掩蔽效应指人的耳朵只对最明显的声音反应敏感，而对于不明显的声音，反应则较不为敏感。一个声音的阈值由于另一个声音的出现而提高的效应，前者称为掩蔽声音（masking tone），后者称为被掩蔽声音（masked tone）。对于两个纯音来说，最明显的掩蔽效应出现在掩蔽声频率附近，低频纯音能有效地掩蔽高频纯音，而高频纯音对低频纯音的掩蔽效应小。

例如在声音的整个频率谱中，如果某一个频率段的声音比较强，则人就对其他频率段的声音不敏感了。应用此原理，人们发明了MP3等压缩的数字音乐格式，在这些格式的文件里，只突出记录了人耳较为敏感的中频段声音，而对于较高和较低的频率的声音则简略记录，从而大大压缩了所需的存储空间。在人们欣赏音乐时，如果设备对高频响应得比较好，则会使人感到低频响应不好，反之亦然。

## 4.1.3 音色

音色是人们区别具有同样响度、同样音调的两个声音之所以不同的特性，或者说是人耳对各种频率、各种强度的声波的综合反应。音色与声波的振动波形有关，或者说与声音的频谱结构有关。

胡琴、钢琴、吉他、笛子等不同乐器发出的声音，即使音调、响度都相同，我们也可以分辨出来，因为乐音除了音调和响度这两个特征外，还有一个特征叫作音色，我们能够分辨出各种不同乐器的声音，就是由于它们的音色不同。

人发出的声音的音色也因人而异,所以我们闭着眼也能听出是哪位熟人在讲话。

## 4.2 语音识别的原理和过程

计算机没有耳朵,那它怎么感知声音呢?这时候就需要把声波转换为便于计算机存储和处理的音频文件了(如 MP3 格式)。

### 4.2.1 语音识别的原理

从声波到最终的 MP3 文件,声音的数字化过程主要经历了采样(sampling)、量化(quantization)和编码(encoding)等步骤。

**采样**

采样是把时间上连续的模拟信号在时间轴上离散化的过程。这里有采样频率和采样周期的概念,采样周期即相邻两个采样点的时间间隔,采样频率是采样周期的倒数,理论上来说采样频率越高,声音的还原度就越高,声音就越真实。通常 MP3 格式的采样频率是 44100Hz。由于人耳对高频的声音不敏感,因此继续增加采样频率对于听觉感觉的影响很小,却会浪费存储空间,为了不失真,采样频率需要大于声音最高频率的 2 倍。

**量化**

量化的主要工作就是将幅度上连续取值的每一个样本转换为离散值表示。其量化过后的样本是用二进制表示的,此时可以理解为已经完成了模拟信号到二进制的转换。量化中有个概念叫精度,指的是每个样本占的二进制位数,反过来,二进制的位数反映了度量声音波形幅度的精度。精度越大,声音的质量就越好。常见的精度有 8bit、16bit、32bit 等,当然质量越好,需要的存储空间就越大。

**编码**

编码是整个声音数字化的最后一步,其实声音模拟信号经过采样、量化之后已经变为数字形式,但是为了方便计算机的存储和处理,还需要对它进行编码,以减少数据量。

### 4.2.2 语音识别的过程

语音识别的第一步是很显而易见的——我们需要将声波输入到计算机中。

在第 3 章中,我们学习了如何把图像视为一个数字序列,以便直接将其输入神经网络进行图像识别,但声音是以波(waves)的形式传播的。如何将声波转换成数字呢?让我们使用我说的"Hello"这个声音片段作为例子,如图 4-3 所示。

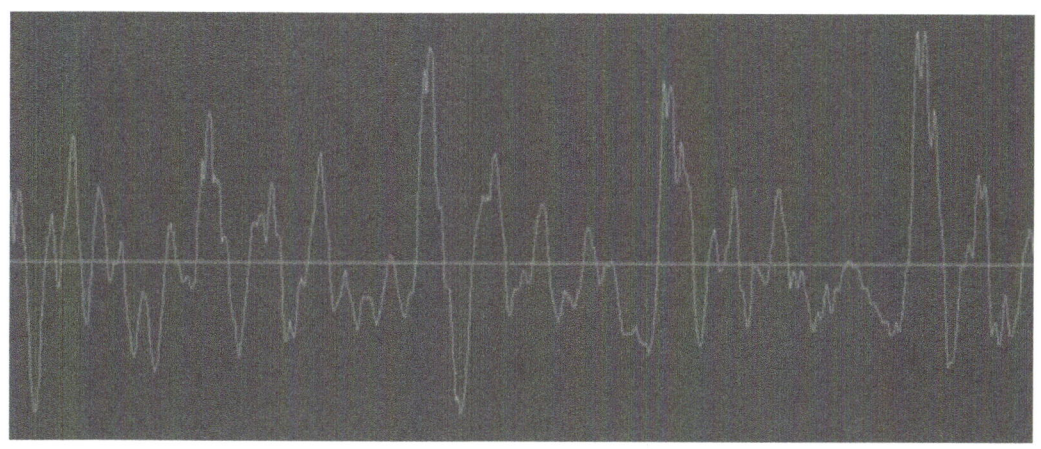

图 4-3 声波波形

声波是一维的(事实上是二维的,不仅有时间还有振幅),在每个时刻,基于波的高度,它们有一个值(振幅)。图 4-4 是将图 4-3 这段声波某一小部分的放大。

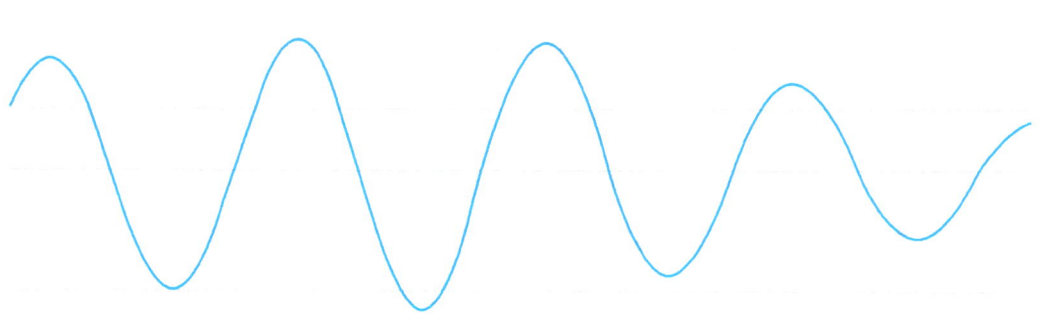

图 4-4 声波放大

为了将这个声波转换成数字，我们只记录声波在等距点的高度，如图 4-5 所示。

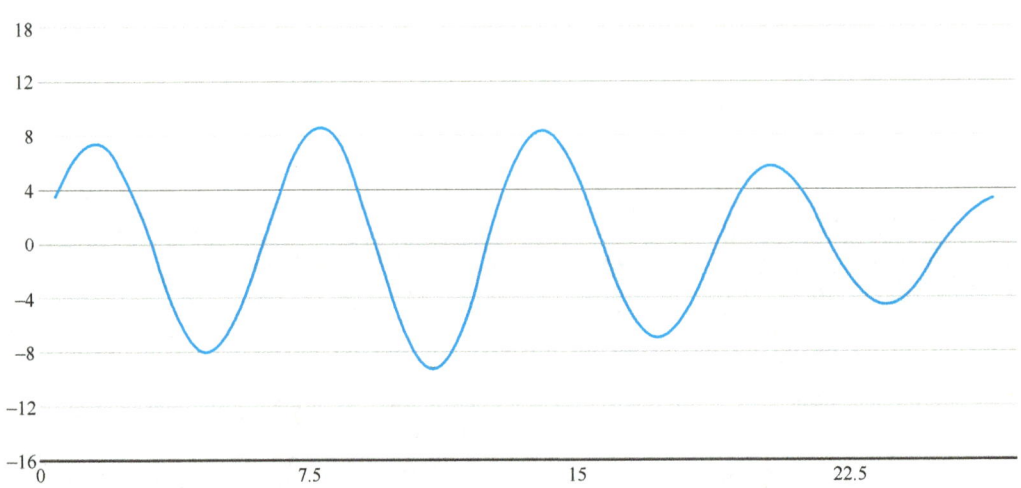

图 4-5　声波的数字化

语音识别的第二步是采样。我们每秒读取数千次，并把声波在该时间点的高度用一个数字记录下来。这基本上就是一个未压缩的.wav 音频文件。

"CD 音质"的音频是以 44.1kHz（每秒 44100 个读数）进行采样的。但对于语音识别，16kHz（每秒 16000 个采样）的采样率足以覆盖人类语音的频率范围。让我们把"Hello"的声波每秒采样 16000 次。图 4-6 给出了前 100 个采样点。

图 4-6　前 100 个采样点

你可能认为采样只是对原始声波进行粗略估计，因为它只是间歇性地读取。我们的读数之间有间距，所以会丢失数据，对吗？采样后的数据如图 4-7 所示，大家可以讨论一下。

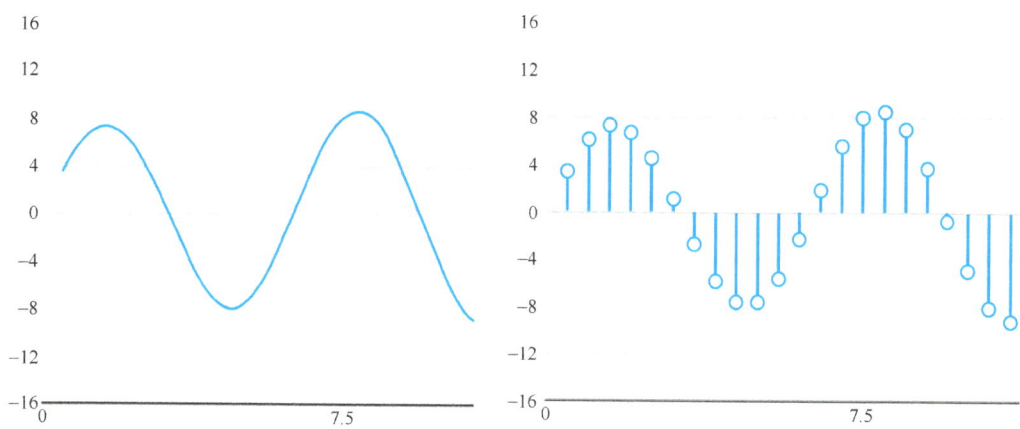

图 4-7　采样后的数据

值得一提的是，由于奈奎斯特采样定理（Nyquist theorem）的存在，从间隔的采样中完美重建原始模拟声波是完全可行的——只要以我们希望得到的最高频率的 2 倍来采样就可以。

第三步则是对声音信号进行预处理。我们现在有一个数列，其中每个数字代表 16000 分之一秒的声波振幅。

首先将采样音频分组为 20ms 长的块。图 4-8 是第一个 20ms 的音频（即前 320 个采样）。

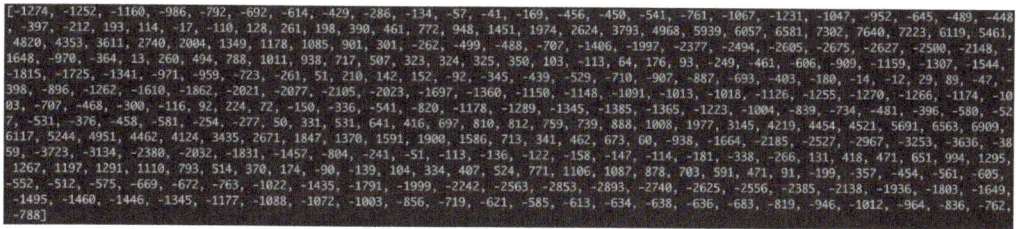

图 4-8　前 320 个采样点

将这些数字绘制为简单折线图，如图 4-9 所示，图中给出了 20ms 时间内原始声波的粗略估计。

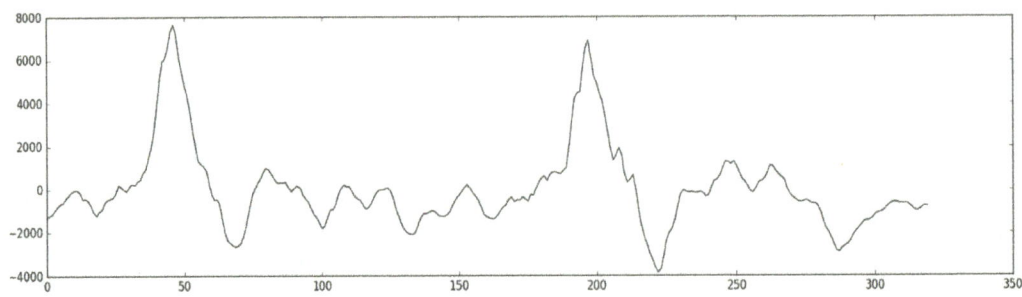

图 4-9　声波的粗略估计

虽然这段录音只有 50 分之一秒的长度，但这样短暂的时长却是由不同频率的声音复杂地组合在一起的。一些低音、中音，甚至高音混在一起。就是这些不同频率的声音混合在一起，才组成了人类的语音。

为了使这个数据更容易被神经网络处理，我们将把这个复杂的声波分解成一个个组件部分。一步步分离低音部分，然后是最低音部分，以此类推。然后通过将（从低到高）每个频带中的能量相加，为各个类别（音调）的音频片段创建一个指纹（fingerprint）。

想象一下，你有一段某人在钢琴上演奏 C 大调和弦的录音。这个声音是由三个音符 C、E 和 G 组合而成的，它们混合在一起组成一个复杂的声音。我们想把这个复杂的声音分解成单独的音符，以此来发现它们是 C、E 和 G。这和我们语音识别的想法一样，与图像类似，声音数字化后的取值范围也是有限的。常见的音频一般有两个声道（对应左耳、右耳），而图像通常有三个通道（对应红、绿、蓝）。

我们使用被称为傅里叶变换（Fourier transform）的数学运算来做到这一点。它将复杂的声波分解为简单的声波。一旦有了这些单独的声波，我们就能将每一个包含的能量加在一起。

由图 4-10 可以看到，在我们的 20ms 声音片段中有很多低频能量，然而在更高频率中并没有太多的能量。这是典型的男性的声音。

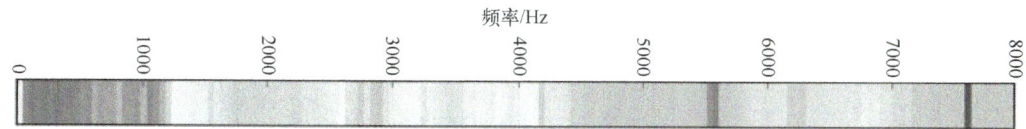

**图 4-10　音频能量图**

如果对每 20ms 的音频块重复这个过程，最终会得到图 4-11 所示的频谱图（每一列从左到右都是一个 20ms 的块）。

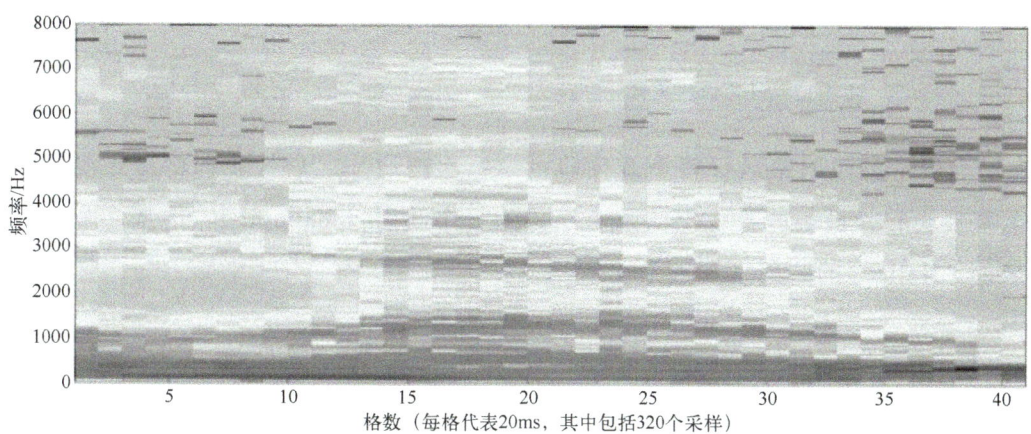

**图 4-11　频谱图**

最后一步，是对这段语音进行短字符识别。现在我们有了一个易于处理的格式的音频，我们将把它输入深度神经网络中。神经网络的输入是 20ms 的音频块。对于每个小的音频切片（audio slice），它将试图找出当前正在说的语音对应的字母（letter）。

如图 4-12 所示，我们将使用一个循环神经网络（Recurrent Neural Network），即一个拥有记忆以影响未来预测的神经网络，来对语音进行识别。这是因为它预测的每个字母都应该能够影响下一个字母的预测可能性。例如，如果我们到目前为止已经说了"HEL"，那么很有可能接下来会说"LO"来完成"Hello"。我们不太可能会说"XYZ"之类根本读不出来的语音。因此，具有先前预测的记忆有助于神经网络对未来进行更准确的预测。

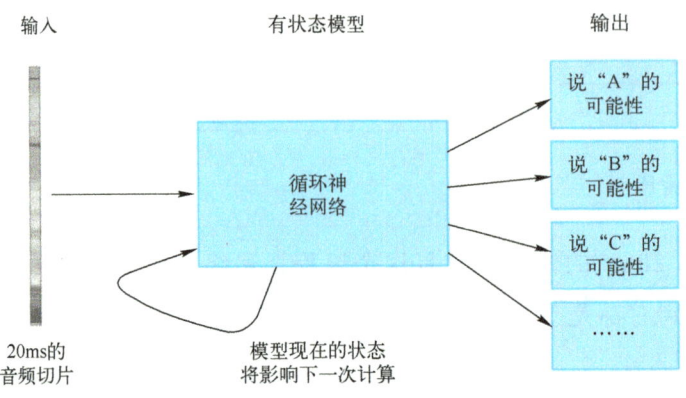

图 4-12 语音识别流程

当通过神经网络运行整个音频剪辑（一次一块）之后，我们将最终得到每个音频块和其最可能被说出的那个字母的一个映射（mapping）。这是一个看起来说"Hello"的映射（图 4-13）。

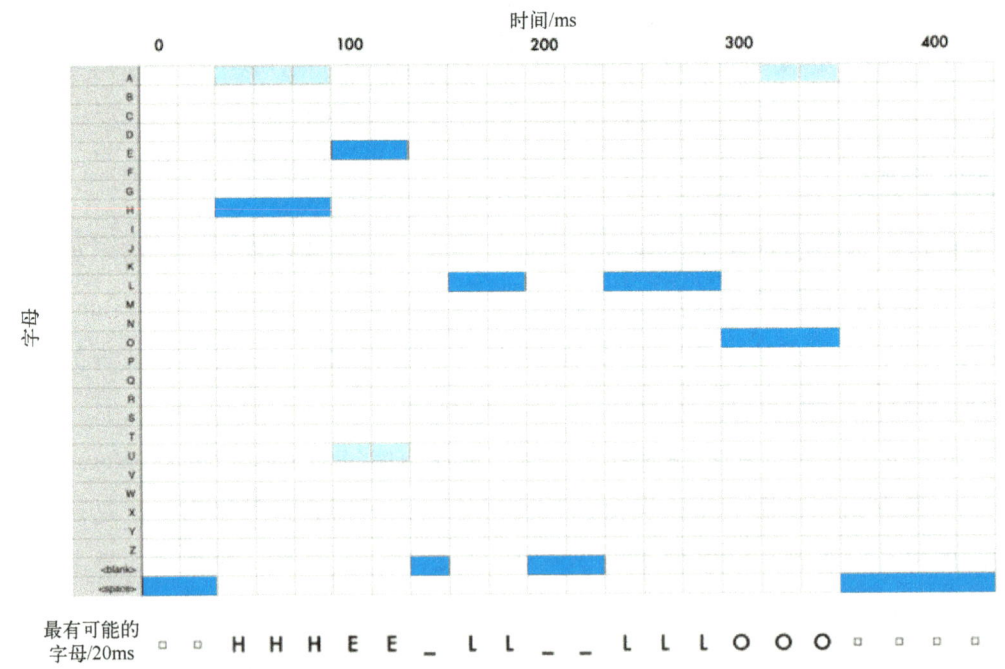

图 4-13 "Hello" 的映射

我们的神经网络正在预测我说的那个词很有可能是"HHHEE_LL_

LLLOOO"。但它同时认为我说的也可能是"HHHUU_LL_LLLOOO",或者甚至是"AAAUU_LL_LLLOOO"。

我们遵循一些步骤来整理这个输出。首先,我们将用单个字符替换任何重复的字符:

HHHEE_LL_LLLOOO 变为 HE_L_LO

HHHUU_LL_LLLOOO 变为 HU_L_LO

AAAUU_LL_LLLOOO 变为 AU_L_LO

然后,删除所有空白处:

HE_L_LO 变为 HELLO

HU_L_LO 变为 HULLO

AU_L_LO 变为 AULLO

这让我们得到三种可能的转录:"Hello""Hullo"和"Aullo"。如果大声说出这些词,所有这些声音都类似于"Hello"。因为它每次只预测一个字符,神经网络会得出一些试探性的转录。例如,如果你说"He would not go",它可能会给一个"He wud net go"的转录。

以上就是语音识别的大致思路和原理,是不是很有趣呢?

### 4.2.3 经典的声学特征

先简单介绍一种贯穿于语音分析全过程的技术——"短时分析技术"。语音信号从整体来看,其特性及表征其本质特征的参数均是随时间而变化的,所以它是一个非平稳态过程。但是,由于不同的语音是由人的口腔肌肉运动构成声道某种形状而产生的响应,而这种口腔肌肉运动相对于语音频率来说是非常缓慢的,所以从另一方面看,虽然语音信号具有时变特性,但是在一个短时间范围内(一般认为在 10~30ms 的短时间内),其特性基本保持不变即相对稳定,因而可以将其看作是一个准稳态过程,即语音信号具有短时平稳性。所以任何语音信号的分析和处理必须建立在"短时"的基础上,即进行"短时分析":将语音信号分段来分析其特征参数,其中每一段称为一"帧",帧长一般取 10~30ms。这样,对于整体的语音信号来讲,分析出的是由每一帧特征参数组成的特征参数时间序列。

分帧示意图如图 4-14 所示，一般每秒的帧数约为 33～100 帧，视实际情况而定。分帧虽然可以采用连续分段的方法，但一般要采用下图所示的交叠分段的方法，这是为了使帧与帧之间平滑过渡，保持其连续性。前一帧和后一帧的交叠部分称为帧移。帧移与帧长的比值一般取 0～1/2。

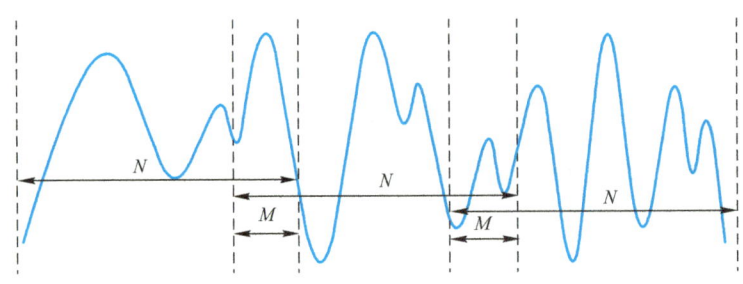

图 4-14　分帧示意图（$N$ 为帧长，$M$ 为帧移）

了解了基于语音分帧的短时分析技术后，我们简单介绍一些经典的声学特征。

**基音**

人在发音时，根据声带是否振动可以将语音信号分为清音和浊音两种。浊音又称有声语言，携带语言中大部分的能量，浊音在时域上呈现出明显的周期性，而清音类似于白噪声，没有明显的周期性。发浊音时，气流通过声门使声带产生张弛振荡式振动，产生准周期性的激励脉冲串。这种声带振动的频率称为基音频率，相应的周期就称为基音周期。通常，基音频率与个人声带的长短、薄厚、韧性、劲度和发音习惯等有关系，在很大程度上反映了个人的声音特征。

此外，基音频率还随着人的性别、年龄不同而有所不同。一般来说，男性说话者的基音频率较低，大部分在 70～200Hz 的范围内，而女性说话者和小孩的基音频率相对较高，在 200～450Hz 之间。基音周期的估计称为基音检测，基音检测的最终目的是为了找出和声带振动频率完全一致或尽可能相吻合的轨迹曲线。

基音周期作为语音信号处理中描述激励源的重要参数，在语音合成、语音压缩编码、语音识别和说话人确认等方面都有着广泛而重要的应用，尤其对汉语更是如此。汉语是一种有调语言，而基音周期的变化称为声调，声调对于汉语语音的理解极为重要。因为在汉语的相互交谈中，不但要凭借不同的元音、辅音来辨别这些字词的意义，还需要从不同的声调来区别它，也就是说声调具有辨义作用；另外，汉语中存在着多音字现象，同一个字在不同的语气或不同的词义下具有不同的声调。因此准确可靠地进行基音检测对汉语语音信号的处理显得尤为重要。

**共振峰**

对频谱的粗略刻画还可以表达出声音的一个重要特性——共振峰。这是由于声道可以被看成一根具有非均匀截面的声管，在发音时将起类似于共鸣器的作用。当声门处准周期脉冲激励进入声道时会引起共振特性，产生一组共振频率，这一组共振频率称为共振峰频率或简称为共振峰。共振峰参数包括共振峰频率、频带宽度和幅值，共振峰信息包含在语音频谱的包络中。因此共振峰参数提取的关键是估计语音频谱包络，并认为谱包络中的最大值就是共振峰。

图 4-15 是基于 LPC 求根法的共振峰估计的结果图，虚线对应的位置就是共振峰。

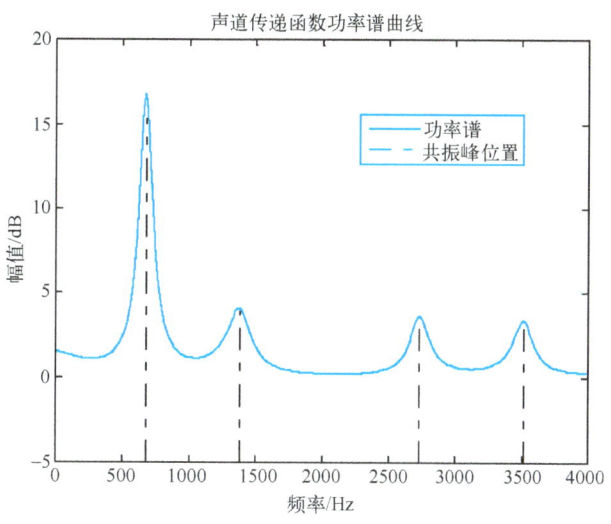

图 4-15 基于 LPC 求根法的共振峰估计

**美尔频谱倒谱系数**

我们已经学习了频谱的概念，它可以直观地反映出声音三要素的信息。但频谱的数据维数和音乐的数据维数是相同的，直接使用频谱进行分类依然困难，它并不是一个很好的特征。这里我们要学习一个比频谱更有效且被广泛使用的特征——梅尔频谱倒谱系数(Mel-Frequency cepstral coefficients,MFCC)。MFCC特征的维数很低,它可以粗略地刻画出频谱的形状,因而可以大致描述出不同频率声音的能量高低。既然 MFCC 特征有这么多优点,那它是如何提取的呢?正如它的名字,我们要先用梅尔频率对频谱进行处理得到一组 26 维特征,然后再计算它的倒谱得到最终的 13 维 MFCC 特征。下面我们来学习一下这两个步骤的具体实现过程。

如图 4-16 所示,梅尔频率是一种特殊的频率刻度,它与普通频率的函数关系为 $\mathrm{mel}(f) = 1125 \times \ln(1 + f/700)$。

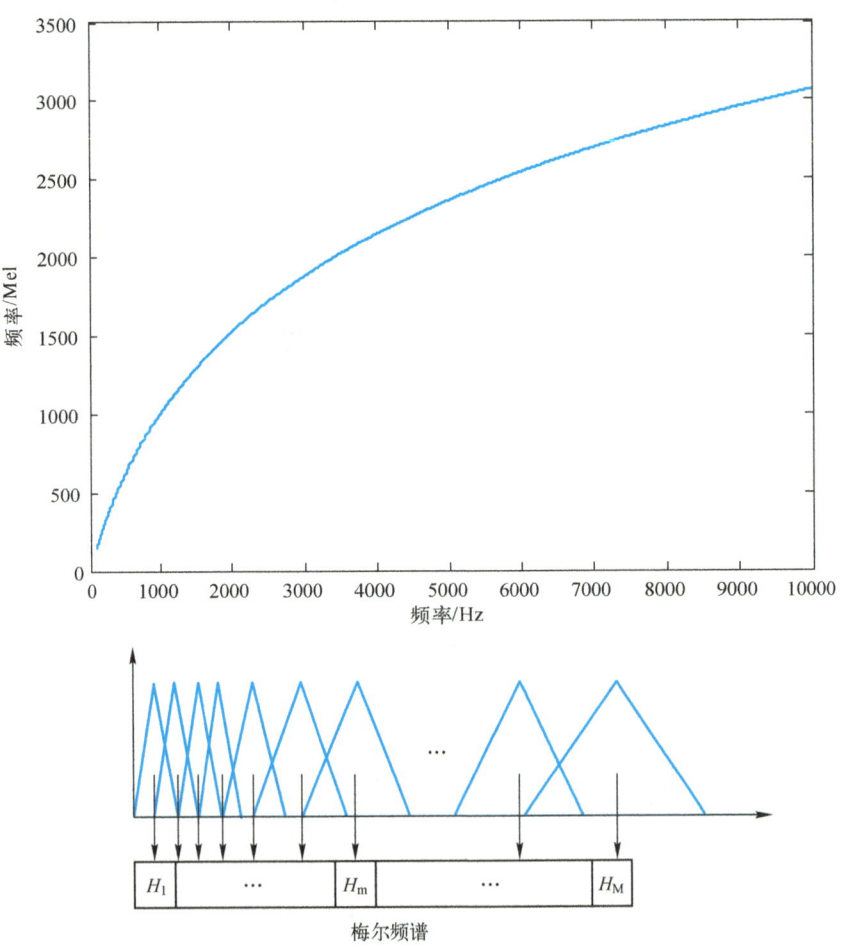

图 4-16 梅尔频率-频率

梅尔频率刻度下等长的频率区间对应到普通频率下变为不等长的区间：在低频部分分辨率高，高频部分分辨率低。

这与人耳的听觉感受是相似的，即在一定频率范围内人对低频部分分辨率高，高频部分分辨率低。在每一个频率区间对频谱求均值，它代表了每个频率范围内声音能量的大小。一共有 26 个频率范围，从而得到 26 维特征。临界频率带宽随着频率的变化而变化，并与梅尔频率的增长一致，在 1000Hz 以下，大致呈线性分布，带宽为 100Hz 左右；在 1000Hz 以上呈对数增长。类似于临界频带的划分，可以将语音频率划分成一系列三角形的滤波器序列，即梅尔滤波器组。

倒谱是由上述 26 维特征再做数学变换后得到的，进一步把特征维数降低到 13 维，这样就得到了 MFCC 特征。具体的变换过程较为复杂，需要了解的是，这 13 维特征反映了音频信号在不同频率范围内的能量大小，其中保留了音频信号的一些重要特点，包括我们所学过的共振峰。

**语谱图**

如图 4-17 所示，语谱图中的横轴表示时间，竖轴表示频率。观察该图发现语谱图中的花纹有横杠、乱纹和竖直条等。横杠是与时间轴平行的几条深黑色带纹，它们是共振峰。从横杠对应的频率和宽度可以确定相应的共振峰频率和带宽。

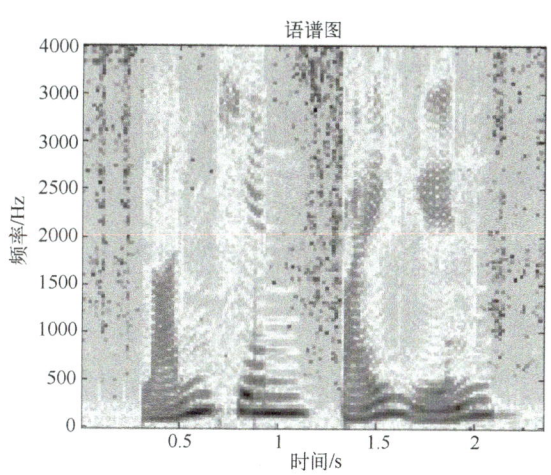

图 4-17 语谱图示例

在一个语音段的语谱图中,有没有横杠出现是判断它是否是浊音的重要标志。竖直条(又叫冲直条)是语谱图中出现与时间轴垂直的一条窄黑条。每个竖直条相当于一个基音,条纹的起点相当于声门脉冲的起点,条纹之间的距离表示基音周期。条纹越密表示基音频率越高。得到的语谱图再经过变换后的矩阵精细图像和色彩的映射后,就可得到彩色的语谱图。

**短时能量和短时过零率**

语音信号的时域分析就是分析和提取语音信号的时域参数。语音信号本身就是时域信号,因而时域分析是最早使用,也是应用最广泛的一种分析方法,这种方法直接利用语音信号的时域波形。时域分析通常用于最基本的参数分析及应用,如语音的分割、预处理、分类等。语音信号的时域参数有短时能量、短时过零率、短时自相关函数和短时平均幅度差函数等。这些最基本的短时参数在各种语音信号数字处理技术中都有重要的应用。

设第 $n$ 帧语音信号 $x_n(m)$ 的短时能量用 $E_n$ 表示,其计算公式如下:

$$E_n = \sum_{m=0}^{N-1} x_n^2(m) \qquad (4-1)$$

$E_n$ 是一个度量语音信号幅度值变化的函数,但它有一个缺陷,即对高电平非常敏感。

短时过零率表示一帧语音中语音信号波形穿过横轴(零电平)的次数。对于连续语音信号,过零即意味着时域波形通过时间轴;而对于离散信号,如果相邻的取样值改变符号则称为过零。因此,过零率就是样本改变符号的次数。

定义语音信号 $x_n(m)$ 的短时过零率 $Z_n$ 为

$$Z_n = \frac{1}{2} \sum_{m=0}^{N-1} |\operatorname{sgn}[x_n(m)] - \operatorname{sgn}[x_n(m-1)]| \qquad (4-2)$$

式中,sgn[.]是符号函数,即

$$\operatorname{sgn}[x] = \begin{cases} 1, (x \geq 0) \\ -1, (x < 0) \end{cases} \qquad (4-3)$$

图 4-18 是利用双门限法得到的示意图,图 a 是语音波形,图 b 是短时能量图 c 短时过零率。

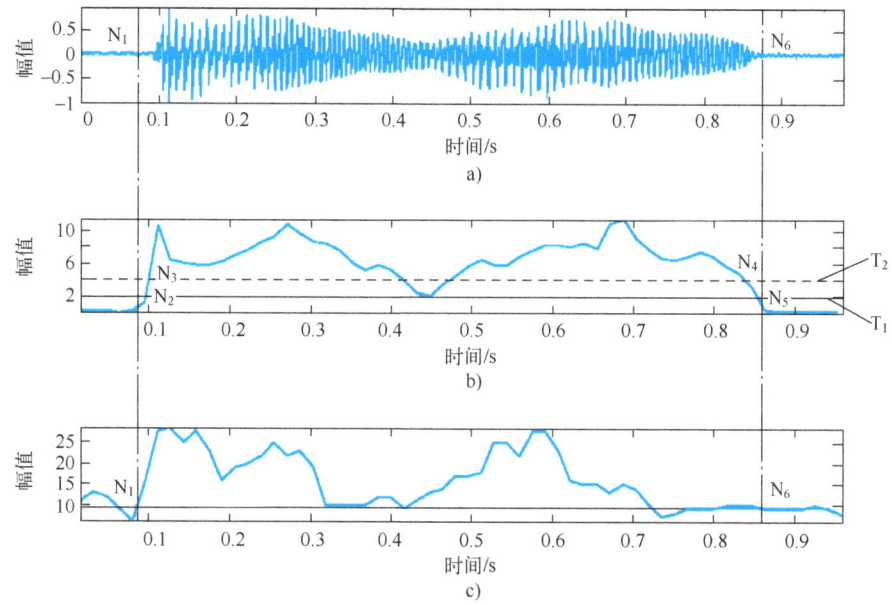

图 4-18 双门限法端点检测的判决示意图

在双门限算法中,短时能量检测可以较好地区分出浊音和静音。对于清音,由于其能量较小,在短时能量检测中会因为低于能量门限而被误判为静音;短时过零率则可以从语音中区分出静音和清音。将两种检测结合起来,就可以检测出语音段(清音和浊音)及静音段。在基于短时能量和过零率的双门限端点检测算法中首先为短时能量和过零率分别确定两个门限,一个为较低的门限,对信号的变化比较敏感,另一个是较高的门限。当低门限被超过时,很有可能是由于很小的噪声所引起的,未必是语音的开始,当高门限被超过并且在接下来的时间段内一直超过低门限时,则意味着语音信号的开始。

## 4.3 语音识别的应用

语音识别可以应用的领域大致分为五类:

办公室或商务系统:典型的应用包括填写数据表格、数据库管理和控制、键盘功能增强等。

制造业：在质量控制中，语音识别系统可以为制造过程提供一种"不用手""不用眼"的检控（部件检查）。

电信：相当广泛的一类应用在拨号电话系统上都是可行的，包括话务员协助服务的自动化、国际国内远程电子商务、语音呼叫分配、语音拨号、分类订货。

医疗：这方面的主要应用是由声音来生成和编辑专业的医疗报告。

其他：包括由语音控制和操作的游戏和玩具、帮助残疾人的语音识别系统，以及车辆行驶中一些非关键功能的语音控制，如车载交通路况控制系统、音响系统。图 4-19 所示的是语音识别的按键。

图 4-19　语音识别键

语音识别技术发展到今天，特别是中小词汇量非特定人语音识别系统的识别精度已经高于 98%，对特定人语音识别系统的识别精度就更高。这些技术已经能够满足通常应用的要求。由于大规模集成电路技术的发展，这些复杂的语音识别系统已经完全可以制成专用芯片，实现大量生产。在西方经济发达国家，大量的语音识别产品已经进入市场和服务领域。一些用户交换机、电话机、手机已经包含了语音识别拨号功能、语音记事本、语音智能玩具等产品,同时也包括语音识别与语音合成功能。

人们可以通过电话网络用语音识别口语对话系统查询有关的机票、旅游、银行信息。调查统计表明,多达85%以上的人对语音识别的信息查询服务系统的性能表示满意。可以预测,在近5年内,语音识别系统的应用将更加广泛,各种各样的语音识别系统产品将不断出现在市场上。图4-20所示的是苹果手机的智能语音识别助手Siri。

图4-20　Siri

语音识别技术在人工邮件分拣中的作用也日益显现,一些发达国家的邮政部门已经使用了这一系统,语音识别技术可以克服手工分拣单纯依靠分拣员记忆力的不足,解决人员成本过高的问题,提高邮件处理的效率和效益。就教育领域来讲,语音识别技术最直接的应用就是帮助用户更好地练习语言技巧。

语音识别技术的另一个发展分支就是电话语音识别技术,贝尔实验室是这方面的先驱,电话语音识别技术可实现电话查询、自动接线以及一些专门业务如旅游信息等的操作。银行应用了语音理解技术的声讯查询系统后，可不分昼夜地为客户提供 24 小时的电话银行理财服务。而证券业方面，若是采用电话语音识别声讯系统的话，用户想查询行情便可以直接讲出股票名称或代码，而系统确认用户的要求后，会自动读出最新的股票价，这将大大方便用户。目前在 114 查号台还有大量的人工服务，如果采用语音技术，就可让计算机自动接听用户的需要，然后回放查询的电话号码，从而节约人力资源。

## 4.4 习题

1. 请举例说出一些常见的音频文件格式，并简单说明其区别。

2. 声音的三要素是_____。

3. 采样是把时间上连续的模拟信号在时间轴上_____的过程。

4. 请举例说明一些经典的声学特征及其提取方法。

5. 梅尔频率是一种特殊的频率刻度，梅尔频率刻度下等长的频率区间对应到普通频率下变为不等长的区间：在低频部分_____，高频部分_____。

6. 语音识别属于人工智能学科中的（    ）。

A. 字符识别研究范畴

B. 模式识别研究范畴

C. 指纹识别研究范畴

D. 数字识别研究范畴

7. 元音的一个重要声学特性是共振峰，它是区别不同元音的重要参数，它一般包括共振峰的_____和_____。

8. 发浊音时，气流通过声门时使声带产生振动，产生准周期激励脉冲串，这个脉冲串的周期就称为_____，其倒数为_____。

# 第 5 章　识文断字：理解文本

## 5.1　文本分析任务的特点

文本（text）与讯息（message）的意义大致相同，指的是由一定的符号或符码组成的信息结构体，这种结构体可采用不同的表现形态，如语言的、文字的、影像的等。文本是由特定的人制作的，文本的语义不可避免地会反映人的特定立场、观点、价值和利益。因此，由文本内容分析，可以推断文本提供者的意图和目的。文本分析是指对文本的表示及其特征项的选取，文本分析是文本挖掘、信息检索的一个基本问题，它通过把从文本中抽取出的特征词进行量化来表示文本信息。通常，文本数据不会包含额外的标注信息，例如，我们在社交网络上发布了一条消息："我在学校学习了人工智能课程"这句话是围绕"学习"或"人工智能"等主题展开的，但在发布这条消息时并不会特意将这些主题标记上去。如果我们希望对该社交网络上的所有消息进行分析，那么能获取到的信息通常就只有消息本体，而没有任何额外的标记。

能否通过人工标注的方式获得关于文本主题的信息呢？这通常不太可能。文本数据的规模通常远大于视频、图像等多媒体信息。新浪微博 2017 年第二季度的公开数据显示，网站每天都会发送 1.65 亿条微博。对于如此规模的数据，人工标注的代价过于高昂。在这种情况下对数据进行分析正是无监督学习算法的用武之地。

既然是无监督学习的任务，那么能否用 K 均值算法对文本数据进行聚类，从而提取出潜在的主题呢？这听起来是可行的，但却忽略了文本数据具有"多主题"的特点。K 均值算法会将一个样本划归为一个个特定的类别，而一段文本通常可能围绕多个主题展开。例如，一篇关于"推动中小学人工智能教育"

的新闻至少会围绕"人工智能"和"中小学教育"两个主题展开,我们将其划归为任意单一主题都是不合适的。

而潜在语义分析技术就是针对文本数据"多主题"的特点而设计的。这种技术可以通过无监督的方式从文本中分析出多个潜在的主题,完成聚类算法不能完成的任务。如图 5-1 所示。

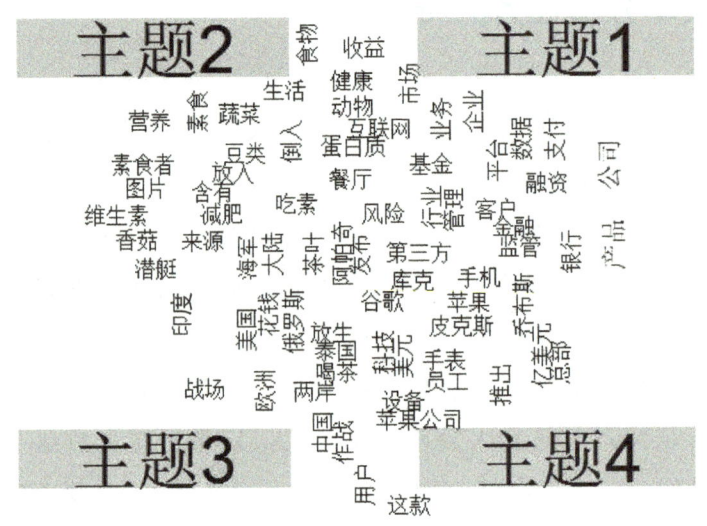

图 5-1 多主题特点

为方便讨论,我们现在介绍一些相关的专有名词。通常将上文中提到的海量文本数据称为语料库(corpus),语料库中独立的文本被称为文档(document),文档的中心思想或主要内容称为主题(topic)。例如,可以将 2017 年的全部报纸文章组成一个语料库,报纸上的每篇文章构成篇文档,这些文档可能围绕"政治""经济""教育""科技""民生"等主题展开。

## 5.2 文本模型

词袋(bag-of-words,BOW)模型是用于描述文本的一个简单数学模型,是一种使用机器学习算法,从文本中提取特征的方法。该方法非常简单和灵活，可以用于从文档中提取各种功能的各种方法。词袋是描述文档中单词出现的文本的一种表示形式。它涉及两个方面：一是已知词汇的集合，二是测试已知单词的存在。因为文档中单词是以没有逻辑的顺序放置的，就好像将所有单词装进一个"袋子"，所以称为词袋模型。该模型只关注文档中是否出现已知的单词，并不关注文档中出现的单词。BOW 方法是句子和文件的一个非常常见的特征提取程序。在这种方法中，我们查看文本中单词的直方图，也就是将每个单词计数作为一个特性。词袋模型可以视具体需要设计得很简单或很复杂，其复杂性取决于如何设计已知单词（或令牌）的词汇量以及如何统计已知单词的存在。

**创建词袋的步骤**

下面通过一个简单的例子来介绍如何制作一个词袋模型。

（1）收集数据：以下是《双城记》一书中的前几行文字："It was the best of times, it was the worst of times, it was the age of wisdom, it was the age of foolishness,"我们将每一行文字视为一个单独的"文档"，将这 4 行文字视为整个文档。

（2）设计词汇：现在可以列出我们的模型词汇表中的所有单词："it""was""the""best""of""times""worst""age""wisdom""foolishness"，这是一个由包括 24 个词组成的语料库中的 10 个词汇。

（3）创建文档：接下来要在每个文档中记录单词。其目的是将自由文本的每个文档转换为一个文本向量，这样我们就可以将其用作机器学习模型的输入或输出。因为我们知道词汇有 10 个，所以可以使用固定长度为 10 的文档来表示向量中的每一个单词的位置。最简单的设计方法是将单词的存在标记为布尔值，0 表示缺席，1 表示存在。使用我们设计的词汇表中列出的任意顺序排列，以第一个文档（"It was the best of times"）为例，并将其转换为二进制向量。该文件的评分如下所示："it" = 1，"was" = 1，"the" = 1，"best" = 1，"of" = 1，"times" = 1，"worst" = 0，"age" = 0，"wisdom" = 0，"foolishness" = 0，作为二进制向量，如下所示：

```
[1, 1, 1, 1, 1, 1, 0, 0, 0, 0]
```

其他三份文档如下:

```
"it was the worst of times" = [1, 1, 1, 0, 1, 1, 1, 0, 0, 0]
"it was the age of wisdom" = [1, 1, 1, 0, 1, 0, 0, 1, 1, 0]
"it was the age of foolishness" = [1, 1, 1, 0, 1, 0, 0, 1, 0, 1]
```

我们可以用这种通用的方法从语料库中的任何文档来提取特征,进而可以用于建模。虽然可能包含新的词汇,但仍然可以进行编码,其中只有已知单词的出现被统计,而未知单词将被忽略。你可以想到这种方式将如何自然地扩展到更大型的文档。

**词汇管理**

随着词汇量的增加,文档的向量表示也将随之增加。在前面的示例中,文档向量的长度等于已知单词的数量。可以想象一下,对于一个非常大的语料库,比如成千上万的词汇量,向量的长度可能达到成千上万。此外,每个单一的文档可能包含词汇中已知的词汇量很少。这就产生了很多零向量,称为稀疏向量(sparse vector)或稀疏表示(sparse representation)。稀疏向量在建模时需要更多的内存和计算资源,大量的位置或维度使建模过程使用传统算法非常具有挑战性。因此,当使用词袋模型时可以先采取一些措施来减小词汇量的大小。当然,也可以在建模之前先进行一些简单的文本清理操作如:忽略案例;忽略标点符号;忽略没有太多信息的频繁单词(又被称为停止词),如"a""of"等;修正拼错的单词;使用词干算法减少词语(例如"播放")等。

还有一种更复杂的方法是创建分组单词的词汇表。在这种方法中,每个单词或标记被称为"gram"。创建两个词对的词汇又被称为二元模型(bigarm)。值得注意的是,只有出现在语料库中的"bigarm"才能被称为二元模型。一个N-gram 是一个 N 符号的单词序列:一个 2-gram(常称为二进制)是一个两个字的序列,如"please turn""turn your"或"your homework";一个 3-gram(常称为三元组)是一个三个字的序列,如"please turn your"或"turn your homework"。继续以上文"It was the best of time"的例子对 2-gram 进行举例:

"it was"；"was the"；"the best"；"best of"；"of time"。

通常，简单的二元组方法比用于文档分类的任务的 1-gram 词袋模型简单得多。

### 词的统计

选择了词汇表后，需要对示例文档中的单词进行统计。在上面的例子中，我们已经看到一个非常简单的评分方法：用二进制来表示单词的存在或不存在。

其他一些的简单评分方法包括：计数（计算每个单词在文档中出现的次数）、频率（在文档中的所有单词中计算每个单词在文档中出现的频率）。

#### （1）散列词（WordHashing）

从计算机科学来看，一个哈希函数是将数据映射到一个固定大小的数值的数学函数。例如，我们在哈希表中使用它们，在编程时，可能会将名称转换为数值，以便快速查找。

可以在词汇表中使用已知单词的散列表示，这解决了对大型文本语料库来说非常大的问题，因为我们可以选择散列空间的大小，也可以完成文档的向量表示。

在目标散列空间中，对相同的整数索引进行散列处理，然后可以用二进制的分数或计数来得分。这被称为"哈希技巧"（hash trick）或"特征散列"（feature hashing）。而其所面对的挑战在于选择一个散列空间来容纳所选的词汇表大小，将冲突的可能性和交换的稀疏性最小化。

#### （2）TF-IDF

词频统计的问题是，在整篇文档中的高频率单词虽然占主导地位，但是可能只是在特定领域的单词，包含着少量信息内容，整体不会包含很多的"信息内容"。

一种方法是通过在所有文档中单词出现的频率来重新调整单词出现的频率，以避免给所有文档中频繁出现的单词（如 the）的分数带来坏的影响。这种统计方法称为术语频率—逆文档频率（term frequency-inverse document frequency）方法，简称为 TF-IDF，其中术语频率是本文档中单词频率的得分，而逆文档频率是在文档中罕见单词的得分。

分数是一个权衡的结果，不是所有的词都同样重要或有用。分数具有在给定文档中突出显示不同的单词（包含有用信息）的效果。

词袋模型非常易于理解和实施，并为定制特定的文本数据提供了很大的灵活性。它在语言建模和文档分类等预测问题上取得了很大的成功。然而，它有一些缺点，比如：

1）词汇需要仔细设计，特别是为了管理文档的大小，这会影响文档表示的稀疏性。

2）由于计算（空间和时间复杂性）以及信息的原因，稀疏表示更难模拟，因为模型在如此庞大的代表空间中利用这么少的信息面临着巨大挑战。

3）丢弃词序忽略了上下文，进而又影响在文档中的词语的意义（语义）。

**主题模型**

主题模型（topic model）是描述语料库及其潜在主题的一类数学模型。在主题模型中，我们首先考虑的一个问题就是如何使用数学语言来描述一个主题。在介绍词袋模型时，我们知道文本中出现的词语可以反映文本的主题。那如果我们可以搜集到只包含某个单一主题的若干文档，并对其中词语的出现频率进行统计，那么统计结果就可以作为这个主题的一种表示。

具体来说，如果词典的大小为 $V$，对其中每一个词语，我们统计其在所有文档中出现的总数 $n_i$，再除以文档中的总词语数 $n$，就可以得到对应的词频 $f_i$。再将所有的词频组合在一起，就可以得到一个维数为 $V$ 的词频向量 $t=(x_1,x_2,\cdots,x_v)$，这个词频向量就是这个主题的一种数学表示。

词频统计的方法为我们提供了对主题进行建模的思路，但这种方法在实际操作中有其缺点。一方面，每一篇文档通常包含不止一个主题，单一主题的文档十分稀少。另一方面，语料库中并没有关于文档主题的标注信息，即便存在单一主题的文档，也很难将其从海量的语料库中挖掘出来。因此在实际操作中，必须借助额外的技术来获取每个主题对应的词频向量。如图 5-2 所示。

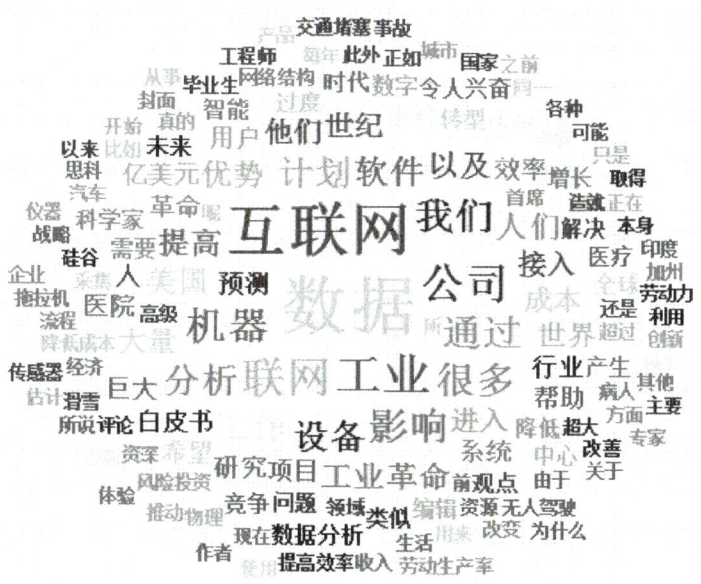

图 5-2　词频图

## 5.3　文本分析任务的应用

在商业实践中，基于大数据的文本分析被广泛应用于各行各业，利用认知技术获得全新的商业洞察，解决关键的知识性问题，这被 IBM 称为"认知商业"。例如企业可以从客户关系数据、社交网络、新闻网站和购物网站评论等渠道获取文本数据，进而通过计算机进行自然语言处理，从而揭示出在任何非结构化文本信息中的"4W"要素，即人物（Who）、事件（What）、时间（When）、地点（Where）等，结合其中隐藏的"Why"进行关联分析，最终得到贯穿所有业务的全新层面的商业洞见。

举例来说，某个 APP 的用户满意度一段时间内上升不少，可以从评论量中好评数量的增加以及服务评价几颗星来看出，但这只是描述性的分析，并不能知道为什么用户会给好评或差评，产品或服务的哪些方面会得到好评。

然而，借助大数据文本分析，我们通过提取出的"4W"要素获得对用户"Why"的理解：

1）什么时候用户的评论较正面，什么时候较负面（When）？

2）用户所给的好评和差评分别集中在该 APP 的哪些方面（What）？

3）哪些人给差评，哪些人给好评，他们在用户中的言论影响力怎么样（Who）？

4）哪些地区的用户给好评/差评，这些地区的用户分别注重该 APP 的哪些方面（Where、What）？

简而言之，基于大数据的文本分析能够揭示出潜藏在文本信息中的趋势和关联，为商业决策、行业趋势研究和热点内容追踪提供有力支持。

此外，文本分析还可以运用于以下几方面：传播分析、情感分析、信息分类、典型意见提取、文本聚类、关键词抽取、语义网络分析、知识图谱等。

## 5.4 习题

1. 文本分析是指对文本的表示及其_____，文本分析是_____、_____的一个基本问题，它把从文本中抽取出的特征词进行_____来表示文本信息。

2. 请说明文本分析的关键技术。

3. 文本情感分析又称意见挖掘，是指通过计算技术对文本的主客观性、观点、情绪、极性的挖掘和分析，对文本的情感倾向做出分类判断。请说明主题模型在文本情感分析中的应用。

4. 在目标散列空间中，对相同的整数索引进行_____，然后可以用_____的分数或计数来得分。这被称为"哈希技巧"或"特征散列"（feature hashing）。

5. 请简单阐述下图所示词频图可能透露了哪些信息。

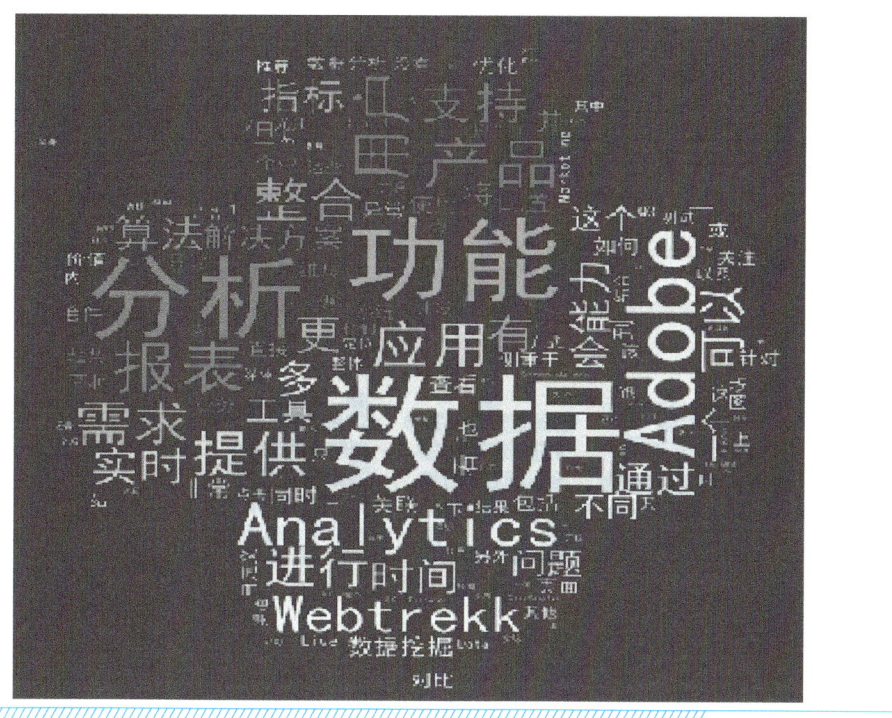

第二部分

# 语言篇

# 第 6 章　Python 编译环境

## 6.1　认识 Python

要开始编写代码，必须讲一下计算机的语言。计算机需要按部就班的指令，而且它们只能够理解特定的语言。就像俄罗斯人可能不懂英语一样，计算机只能够理解为它们而制定的语言。

计算机代码使用诸如 Python、C++、Ruby 或 JavaScript 这样的编程语言来编写。这些语言允许我们和计算机"对话"并且向它们发布命令。不妨想一下如何训练一只狗，当我们说"坐"的时候，它蹲着；当我们说"叫"的时候，它叫两声。这只狗理解了这些简单的命令，但是，你所说的其他大多数话，它就听不懂了。

类似地，计算机也有局限性，但是，它们确实能够执行你用它们的语言发布的指令。本书中，我们将使用 Python 语言，这是一种简单而强大的编程语言。在高中和大学，Python 作为计算机科学课程的入门课来教授，而且，Python 还可用于运行世界上一些非常强大的应用程序，例如，谷歌地图和 YouTube。

要开始在计算机上使用 Python，我们需要经过下面这 3 个步骤：下载 Python；在计算机上安装 Python；使用一两个简单的程序测试 Python。

**下载 Python**

如果你使用的是 Linux 系统，可以在你的系统中运行应用程序 Terminal，打开一个终端窗口。为确定是否安装了 Python，执行命令"python"（请注意，其中的 p 是小写的），系统会显示以下代码：

**$ python**

Python 2.7.6 (default, Mar 22 2014, 22:59:38)

[GCC 4.8.2] on linux2

Type "help", "copyright", "credits" or "license" for more information.
>>>

它会指出安装的 Python 版本；最后的>>>是一个提示符，让你能够输入 Python 命令。

Windows 系统并非默认安装了 Python，因此你需要下载并安装它。首先在"开始"菜单栏中输入 command 并按〈Enter〉键以打开一个命令窗口；也可以按住〈Shift〉键并右击桌面，再选择"在此处打开命令窗口"。在打开的终端窗口中输入"python"并按〈Enter〉键；如果出现了 Python 提示符（>>>），就说明你的系统安装了 Python。如果看到一条错误消息，指出"python"是无法识别的命令，就说明系统没有安装过 Python。

如果是这样，就需要下载 Windows Python 安装程序。为此，请访问 https://www.python.org/downloads/。单击用于下载 Python3 的按钮，根据你的系统下载正确的安装程序。下载安装程序后，运行它。请务必选中复选框 Add Python 3.7 to PATH，这会帮你更轻松地配置系统，如图 6-1 所示。

**在计算机上安装 Python**

图 6-1　确保选中复选框 Add Python to PATH

通过配置系统，让其能够在终端会话中运行 Python，可简化文本编辑器的配置工作。安装完 Python 后，打开一个命令窗口，并在其中执行 python 命令。如果出现了 Python 提示符（>>>），就说明 Windows 找到了你安装的 Python 版本，如图 6-2 所示。

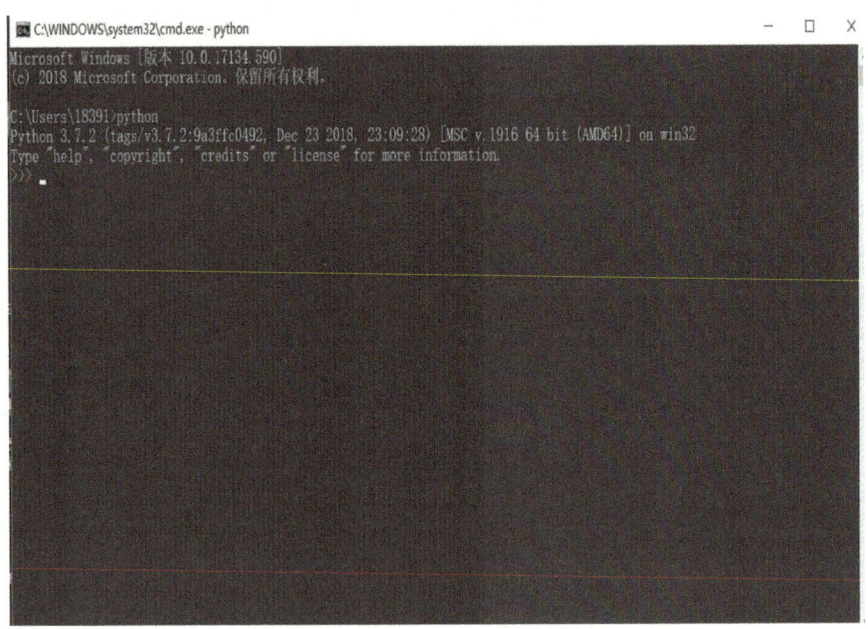

图 6-2　启动 Python 终端会话

**使用一两个简单的程序测试 Python**

在终端会话中执行下面的命令，并确定看到了输出"Hello Python world"，在 Linux 系统中，消息会直接打印到终端窗口。如果要关闭 Python 解释器，可以按〈Ctrl+D〉键或执行命令 exit()。在 Windows 系统中每当要运行 Python 代码片段时，都请打开一个命令窗口并启动 Python 终端会话。要关闭该终端会话，可按〈Ctrl+Z〉键，再按〈Enter〉键，也可以执行 exit()命令。在 Windows 系统中的效果如图 6-3 所示。

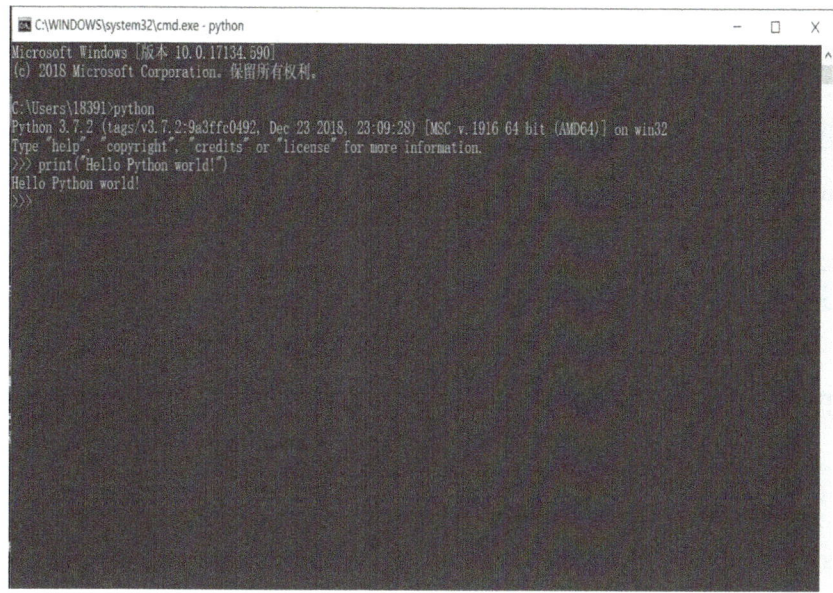

图 6-3 在 Windows 系统的情况

在编程时请注意你输入的每个字符的细节问题,例如,你是不是将 print 的首字母大写了?是不是遗漏了引号或括号?编程语言对语法的要求非常严格,只要没有严格遵守语法,就会出错。

## 6.2 用 Python 编写程序

通常,我们所编写的程序都会多于一行代码,Python 带有一个编辑器,可用来编写较长的程序。在 IDLE 中,打开"File"菜单并选择"New Window"或"New File",会弹出一个空白的屏幕,其顶部带有一个 Untitled 标题。让我们用 Python 编写一个稍微长一些的程序,在这个新的空白窗口中,输入如下 3 行代码:

```
# YourName.py
name = input("What is your name?\n")
print("Hi,", name)
```

第 1 行代码叫作注释。注释以一个井号开头(#),它是程序的提示,运行时计算机会忽略它。在这个示例中，注释只是提示我们程序的名称是什么。第 2 行要求用户输入自己的名字并且将其存储为 name。第 3 行代码输出"Hi，"，后面跟着用户的名字。注意，这里有一个逗号（,），它将引号中的字"Hi，"和后面的 name 分隔开来。

## 6.3 运行 Python 程序

打开程序上方菜单中的 Run 选项卡并且选择"Run"→"Run Module"，这将会运行（或执行）程序中的指令。首先会要求你保存程序，我们将该文件命名为 YourName.py，则计算机将该程序保存为一个名为 YourName.py 的文件，而".py"部分表示这是一个 Python 程序。

当保存了文件并运行它的时候，你将会看到 Python shell 窗口启动程序，显示了"What is your name?"这个问题。在下一行中输入你的名字并按下〈Enter〉键，程序将会输出"Hi，"，后面跟着你所输入的名字。因为你要求程序做的就是这些，程序将会结束，而且，你将会再次看到">>>"提示符，如图 6-4 所示。

```
Python 3.6.5 (v3.6.5:f59c0932b4, Mar 28 2018, 16:07:46) [MSC v.1900 32 bit (Inte
l)] on win32
Type "copyright", "credits" or "license()" for more information.
>>>
 RESTART: C:/Users/Wayne/AppData/Local/Programs/Python/Python36-32/YourName.py
What is your name?
Wayne
Hi, Wayne
>>>
```

图 6-4　YourName.py

# 第 7 章 变量和数据类型

## 7.1 变量

变量（variable）是我们希望在程序运行的时候计算机能够记住的内容。当 Python "记住"某些内容的时候，它会将这些信息存储在计算机的内存中。python 可以记住几种类型的值（value），包括数字和字符串（字母、符号、单词、句子，或者我们能够在键盘上输入的任何内容），在 Python 中，和在大多数现代编程语言中一样，我们使用等号（=）给一个变量赋值。像 x=7 这样的赋值操作，告诉计算机记住数字 7，并且当我们在任何时候使用 x 都将 7 返回给我们。我们还使用等号将键盘字符的一个字符串分配给一个变量；只要记住用引号（""）把字符串括起来，如下所示：

```
my_name = "Wayne"
```

这里，我们将值 "Wayne" 分配给了变量 my_name，括住 "Wayne" 的引号告诉我们，这是一个字符串。无论何时，当我们想要将一个值赋给一个变量的时候，先写出变量的名称，放在等号的左边，然后在等号的右边写出值。我们命名变量的方式是，简单地描述其内容（例如，my_name 中存储了我的名字），以便很容易记住它们并且在程序中使用。在为变量命令的时候，我们需要记住几条规则。

首先，变量名总是以字母开头。其次，变量名中剩下的字符必须是字母、数字或者下划线符号（_）；这意味着，我们不能在变量名中使用空格（例如，my  name 将会给出一个语法错误，因为 Python 认为你列出了两个变量，这两个变量用空格隔开）。第三，Python 中的变量名是区分大小写的（case sensitive），这意味着，如果在变量名中全部采用小写字母（例如 abc），那么，只有按照完全相同的方式（用相同的大小写）录入变量名的时候，才能够使用该变量中存储的值。例如，要使用 abe 中的值，必须写为 abc，不能使用 ABC 这样的大写字母。因此 My_Name 和 my_name 是不同的，而 MY_NAME 也是一个不同的变量。在本书中，我们的变量名称都采用小写字母，单词之间用一符号隔开。我们来尝试一个程序，它使用了一些变量。在新的 IDLE 窗口中输入如图 7-1 所示代码并且将其保存为 ThankYou.py：

```python
# ThankYou.py
my_name = "Wayne"
my_age = 23
your_name = input("What is your name?\n")
your_age = input("How old are you?\n")
print("My name is", my_name, ", and I am", my_age, "years old.")
print("Your name is", your_name, ", and you are", your_age, ".")
```

图 7-1　ThankYou.py

当运行该程序的时候，我们告诉计算机记住 my_name 是"Wayne"并且 my_age 是 23。然后，我们要求用户（运行该程序的人）输入自己的名字和年龄并且告诉计算机将这些输入记为变量 your_name 和 your_age，我们使用 input() 函数告诉 Python，我们想要让用户用键盘输入一些内容。在程序运行的过程中，输入程序中的信息叫作输入（Input）；在这个例子中，输入就是用户的名字和年龄。圆括号中的引号括起来的部分（"What is your name?"）叫作提示符，因为它提示或者询问用户一个需要他们输入的问题。在最后 2 行代码中，我们让计算机输出 my_name 和其他 3 个变量中存储的值。我们甚至使用了 your_name 两次，计算机正确地记住了所有的内容，包括用户所输入的部分。该程序记住了我的名字和年龄，要求用户输入他们的名字和年龄并且为他们输出一条消息，如图 7-2 所示。

```
Python 3.6.5 (v3.6.5:f59c0932b4, Mar 28 2018, 16:07:46) [MSC v.1900 32 bit (Inte
l)] on win32
Type "copyright", "credits" or "license()" for more information.
>>>
 RESTART: C:/Users/Wayne/AppData/Local/Programs/Python/Python36-32/YourName.py
What is your name?
Susan
How old are you?
18
My name is Wayne , and I am 23 years old.
Your name is Susan , and you are 18 .
>>>
```

图 7-2　Input 函数使用

注意，在 Python 中使用变量时，需要遵守一些规则和指南，违反这些规则将引发错误，请务必牢记下述有关变量的规则。

（1）变量名只能包含字母、数字和下划线。变量名可以字母或下划线打头，但不能以数字打头，例如，可将变量命名为 message_1，但是不能将其命名为 1_message。

（2）变量名不能包含空格，但可使用下划线来分割其中的单词。例如，变量名 greeting_message 可行，但变量名 greeting message 会引发错误。

（3）不要将 Python 关键字和函数名用作变量名，即不要使用 Python 保留用于特殊用途的单词，如 print。

（4）变量名应既简单又具有描述性。例如，name 比 n 好，student_name 比 s_n 好。

程序在错误时，Python 解释器将竭尽所能地帮助你找出问题所在。程序无法成功地运行时，解释器会提供一个 Traceback。Traceback 是一条记录，指出了解释器尝试运行代码时，在什么地方陷入了困境。

## 7.2　简单数据类型

我们将介绍的第一种数据类型是字符串，字符串虽然看似简单，但能够以很多不同的方式使用串。

**字符串**

字符串就是一系列字符。在 Python 中，用引号括起的都是字符串，其中的引号可以是单引号也可以是双引号，如下所示：

---

"This is a string。"

'This is also a string'

---

下面尝试几个很有用的大小写处理方法。例如，要将字符串改为全部大写

或全部小写，可以像下面这样做：

```
name = "Ada Lovelace"
print(name.upper())
print(name.lower())
```

这些代码的输出如下：

```
ADA LOVELACE
ada lovelace
```

存储数据时，方法 lower() 很有用。很多时候，你无法依靠用户来提供正确的大小写，因此需要将字符串先转换为小写，再存储它们。

### 合并（拼接字符串）

在很多情况下，都需要合并字符串。例如，你可能想将姓和名存储在不同的变量中，等要显示姓名时再将它们合而为一：

```
first_name = "ada"
last_name = "lovelace"
full_name = first_name+" "+ last_name
print(full_name)
```

Python 使用加号（+）来合并字符串，以得到完整的姓名，其结果如下：

```
ada lovelace
```

这种合并字符串的方法称为拼接。

### 数字

在编程中，经常使用数字来记录游戏得分、表示可数字化数据、存储 Web 应用信息等。Python 根据数字的用法以不同的方式处理它们。鉴于数据使用起来最简单，下面就先来看看 Python 是如何管理它们的。

### 整数

在 Python 中，可对整数执行加（+）减（-）乘（*）除（/）运算。

```
>>> 2 + 3
5
>>> 3 - 2
1
>>> 2 * 3
6
>>> 3 / 2
1.5
```

在终端会话中，Python 直接返回运算结果。python 使用两个乘号表示乘方运算：

```
>>> 3 ** 2
9
>>> 3 ** 3
27
```

Python 还支持运算次序，因此你可以在同一个表达式中使用括号来修改运算次序，让 Python 按你指定的次序执行运算，如下所示：

```
>>> 2 + 3 * 4
14
>>> (2 + 3) * 4
20
```

在这些示例中，空格不影响 Python 计算表达式的方式，它们的存在旨在让你阅读代码时，能迅速确定先执行哪些运算。

### 浮点型

Python 将带小数点的数字都称为浮点数。大多数编程语言都使用了这个术语，它指出了这样一个事实：小数点可以出现在数字的任何位置。每种语言都须细心设计，以妥善地处理浮点数，确保不管小数点出现在什么位置，数字地行为都是正常的。

```
>>> 0.1 + 0.1
0.2
>>> 2 * 0.1
0.2
```

但需要注意的是，结果包含的小数位数可能是不确定的：

```
>>> 0.2 + 0.1
0.30000000000000004
```

这是所有语言都存在的问题。Python 会尽力找到一种方式，以尽可能精确地表示结果，但鉴于计算机内部表示数字的方式，这在有些情况下很难。就现在而言，暂时忽略多余的小数位数即可。

# 第 8 章　循环语句

## 8.1　for 循环

**在**涉及循环之前，让我们先来看一个用于画圆的 Python 函数（调用作图的模块 turtle）。

```
import turtle
t = turtle.Pen()
t.circle(100)
t.left(90)
```

画出的图像如图 8-1 所示。

图 8-1　用 Python 画圆

如果将 turtle 库运用得更加自如，甚至可以画出如图 8-2 所示的彩色螺旋线。你不妨也可以试试：

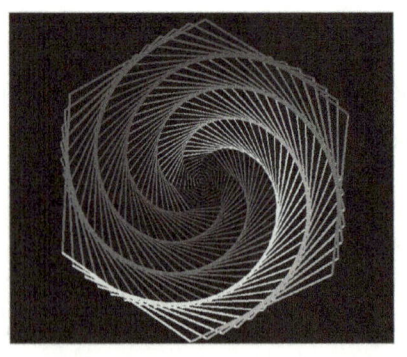

图 8-2　彩色螺旋线

扫描二维码
可查看彩色图像

代码如下：

```
import turtle
colors = ['red','purple','blue','green','yellow','orange']
t = turtle.Pen()
turtle.bgcolor('black')
for x in range(360):
    t.pencolor(colors[x%6])
    t.width(x/100+1)
    t.forward(x)
    t.left(59)
```

那么，如果要将这个圆画成一个由 4 个圆构成的花瓣形状该怎么办呢？这时候就要用到 for 循环了。

不过在构建循环之前，我们得先识别出重复的步骤。在前面画圆的代码中，t=turtle.Pen 表示创建画布，我们将使用字母 t 表示海龟的钢笔。这使得我们只需要录入 t.forward()，而不是 turtle.Pen().forward()，就可以让海龟在屏幕上移动的时候用海龟的钢笔进行绘制。字母 t 是告诉海龟做什么的一种快捷方式。重复的指令是绘制一个半径为 100 像素的圆形的 t.circle(100)，和在绘制下一个圆之前将 turtle(海龟）旋转 90 度的 t.left(90)，其次，我们需要知道，这些步骤要重复 4 次。

既然我们知道了绘制圆需要重复的两条指令的次数，就可以构建 for 循环语句了。

Python 中的 for 循环会遍历（iterates over）各列表中的各项，或者针对列表中的每一项重复一定的次数，例如，从数字 1~100 或者从 0~9。我们想要循环运行 4 次，每次针对一个圆，因此需要设置一个 4 个数字的列表。

内建函数 range()可以让我们很容易地创建数字的列表。构建 n 个数字的范围的最简单的命令是 range(n)，这条命令允许我们构建 n 个数字（从 0 到 n-1）的一个列表。例如，range(10)允许我们创建从 0 到 9 这 10 个数字的一个列表。让我们在 IDLE 命令提示窗口中输入 range()命令的几个示例，看看它是如何工作的。要查看输出的列表，我们需要使用 list()函数，在>>>提示符之后，输入如下代码行：

```
>>> list(range(10))
[0, 1, 2, 3, 4, 5, 6, 7, 8, 9]
```

IDLE 将会给出输出[0, 1, 2, 3, 4, 5, 6, 7, 8, 9]，这是一个从 0 开始的 10 个数字的列表。要将这个数字列表变长或变短，可以在 range()函数的括号中输入不同的数字：

```
>>> list(range(3))
[0, 1, 2]
>>> list(range(5))
[0, 1, 2, 3, 4]
```

正如你所看到的,输入 list(range(3)),可以得到一个从 0 开始的 3 个数字的列表;输入 list(range(5))可以得到一个从 0 开始的 5 个数字的列表。

对于 4 个圆组成的花瓣的形状,我们需要重复绘制圆 4 次,range(4)将帮助我们做到这一点,for 循环的语法或者说单词命令如下所示:

```
>>> for x in range(4)
```

- 我们首先从关键字 in 开始,然后给出一个变量 x,这将是计数器或迭代器变量,in 关键字告诉 for 循环,用 x 来遍历范围列表中的每一个值,range(4)给循环一个从数字 0 到 3 的列表,即[0,1,2,3],以供遍历。记住,计算机通常从 0 开始的,而不是像我们一样从 1 开始。为了告诉计算机应该重复哪些指令,我们使用缩进(indentation);通过在新的文件窗口中按下〈Tab〉键将为循环中重复的每条指令都缩进。我们输入程序的新版本并且将其保存为 Rosette4.py。

```
# Rosette4.py
import turtle
t = turtle.Pen()
for x in range (4):
    t.circle(100)
    t.left(90)
```

最终画出的花瓣图形如图 8-3 所示。

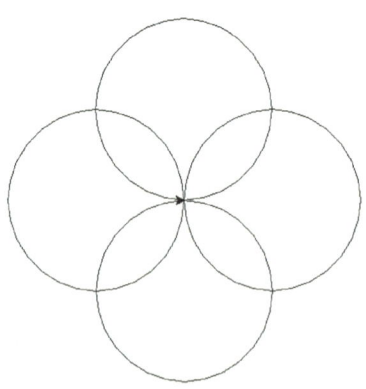

图 8-3 花瓣图形

假设我们有一个魔术师名单,需要将其中每个魔术师的名字都输出出来。为此,我们可以分别获取名单中的每个名字,但这种做法会导致多个问题。例如,如果名单很长,将包含大量重复的代码。另外,每当名单的长度发生变化时,都必须修改代码。通过使用 for 循环,可让 Python 去处理这些问题。

下面使用 for 循环来输出魔术师名单中的所有名字:

```python
# magicians.py
magicians=['alice','david','carolina']
for magician in magicians:
    print(magician)
```

首先,我们定义了一个列表,接下来,定义一个 for 循环,这行代码让 Python 从列表 magicians 中取出一个名字,并将其存储在变量 magician 中,最后,让 Python 输出存储到变量 magician 中的名字。这样,对于列表中的每个名字,Python 将重复执行下面两行代码:

```
alice
david
carolina
```

你可以这样解读这些代码:对于列表 magicians 中每位魔术师,都将其名字输出出来。输出很简单,就是列表中所有的名字。

## 8.2 while 循环

虽然 for 循环功能强大,但是其功能也有限。例如,当某个事件发生的时候,如果我们想要停止循环,而不是一直遍历完一个长长的数字列表,该怎么办呢?或者如果不确定循环需要运行多少次,该怎么办呢?我们考虑一个游戏循环,当编写一个程序,特别是一款游戏的时候,经常会用到的一个环节是要由用户来选择是继续运行还是停止。作为程序员,我们事先不知道用户会选择玩游戏(运行程序)多少次,但是,我们需要让他们可以不必每次都重新加载或运行程序就可以再玩一次。想象一下,如果每次想要再玩一次游戏的时候都需要重新启动 XBox 或 PS4,或者必须玩一款游戏达到 10 次才能够进入下一个不同的游戏吗?那会多没意思啊。

解决游戏循环问题的方法之一，是使用另一种类型的循环，即 while 循环。while 循环可以检查一个条件（condition）或情况，然后决定是再次循环还是结束循环，而不是像 for 循环那样遍历一个预先定义的值的列表。while 语句语法如下：

```
while condition:
    indented statement(s)
```

条件（condition）通常是一个布尔表达式，或者是一个真/假测试。while 循环的一个日常示例就是吃东西或喝水。当我们饿了的时候，就会吃东西，当回答"Am I hungry?"这个问题的时候，如果答案不再是 Yes，意味着条件"I am hungry"不再为真，我们就停止吃东西。而当我们渴了的时候，就要再喝一杯水，不再感到口渴，就停止喝水。饿了和渴了是条件，当这些条件为假的时候，退出吃东西和喝水的"循环"。只要条件为真，while 循环就持续重复循环中的语句。

while 循环中的真/假条件往往涉及比较值。我们可能会问 x 值比 10 大吗？如果是的，就运行代码；当 x 不再大于 10 的时候，停止运行代码。换句话说，当条件 x>10 为真的时候，运行该代码。大于符号（>）是一个比较操作符（comparison operator），这是和加号（+）和减号（-）这样的算术操作符不同的一种操作符。

像 >=（大于等于）、<=（小于等于）、等号（=）或不等号（!=）这样的比较操作符，允许我们比较两个值，看看其中的一个是否比另一个大，或者比较它们是相等还是不相等。x 小于 7 吗？是或者不是？真还是假？根据结果，我们可以让程序运行不同的代码段。

while 循环和 for 循环具备一些共同的特点。首先，和 for 循环一样，while 循环根据需要重复一组语句。其次，使用 while 循环和 for 循环的时候，我们通过〈Tab〉键向右缩进语句，告诉 Python 要重复哪些语句。

让我们尝试一个使用 while 循环的程序，看看它是如何工作的。我们输入如下代码并运行它：

```
# Ask the user for their name
name = input("what is your name?")
# Keep print the name until we want to quit
while name != "":
    # Print their name 5 times
    for x in range(5):
        # Print their name followed by a space, not a new line
        print(name, end = " ")
    print() # After the for loop, skip down to the next line
    # Ask for another name, or quit
    name = input("Type another name, or just hit enter to quit:")
print("Thanks!")
```

程序开始的时候，我们询问用户的名字并且将他们的回答存储到变量 name 中。我们需要一个名称来测试 while 循环的条件，因此，在循环开始之前必须先问一次。然后开始 while 循环，只要用户输入的名字不是一个空字符串（由之间没有任何内容的两个双引号表示），这个循环就会运行，当用户按下〈Enter〉键退出的时候，Python 会将输入当作是空字符串。

随后开始 for 循环，这会将名字输出 5 次，print()语句每次在名字的后面再输出一个空格。我们继续运行回到 for 处并检查 x 是否已经达到了 5。当 for 循环完成了输出名字 5 次后，我们在该名字下方输出一个空行，将输出位置直接移置下面的一个新行，然后，再在起始处请求另一个名字。输出结果如下：

```
what is your name?Carl
Carl Carl Carl Carl Carl
Type another name, or just hit enter to quit:
Thanks!
```

# 第 9 章 条件语句

## 9.1 if 语句

if 语句是一个重要的编程工具。它允许我们根据一个条件或一组条件,告诉计算机是否运行一组指令。使用一条 if 语句,我们可以让计算机做出选择。举个例子,如果大厦中的温度正好,那么加热系统和空调系统都不需要运行;但是,如果室温太高或者太低,人们会感到太热或太冷,这些系统就要运行。如果外面下雨,我们出门需要带上伞;否则的话不必带伞。

if 语句的语法(也就是编写一条 if 语句以便计算机能够理解它的方式)如下所示:

```
if condition:
    intended statement(s)
```

if 语句中测试的条件通常是一个布尔表达式,或一个真/假测试。布尔表达式的结果为 True 或 False。当一条 if 语句中使用布尔表达式的时候,就指定了如果该表达式为真的话想要执行的一个操作或一组操作。如果该表达式为真,程序将运行缩进的语句;如果表达式为假,程序将略过这些语句并从下一行未缩进的代码开始继续运行剩下的程序。

下面为一个 if 语句的例子:

```
answer = input("Do you want to see a spiral? y/n:")
if answer == 'y':
    print("Working...")
    import turtle
    t = turtle.Pen()
    t.width(2)#设置画笔粗细
    for x in range(100):
        t.forward(x*2)
        t.left(89)
print("Okay,we're done.")
```

程序的第 1 行请求用户输入"y"或"n",来表示它们是否想要看到一个螺旋线并且将用户相应存储到 answer 中。随后 if 语句检查 answer 是否等于 y,注意,测试"等于"的操作符使用的是两个等号==,这和赋值操作符不同,赋值操作符是一个等号,==操作符检查 answer 是否等于 y,如果是,if 语句中的条件为真。当要测试一个变量看它是否包含用户所输出的一个单个的字符时,我们使用一对单引号('')把一个字母或其他的字符括起来。

如果条件为真('y'),屏幕上便会输出"Working...",然后在屏幕上绘制一个螺旋线。注意,此处的 print 语句以及绘制螺旋形的语句,一直到向下的 t.left(89)都是缩进的。只有在 answer=='y'处的条件为真的时候,这些缩进的语句才会执行。否则,程序会一直略过,直到结尾处并且只是输出"Okay, we're done!"

运行程序

```
Do you want to see a spiral? y/n:y
Working...
Okay,we're done.
```

得到的结果如图 9-1 所示。

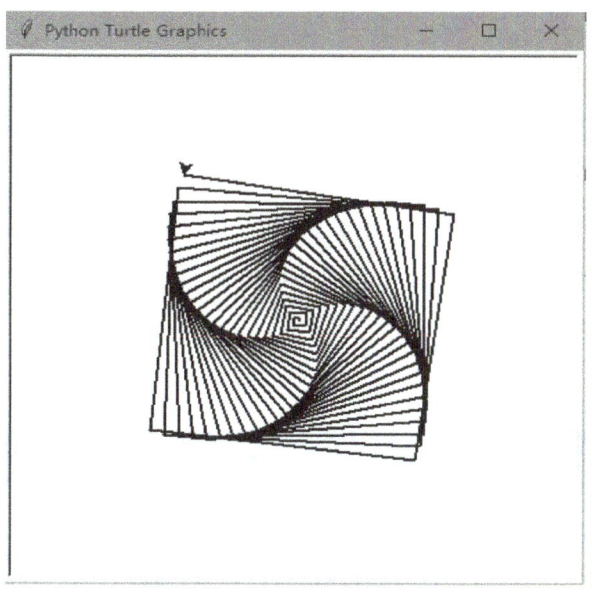

图 9-1　螺旋线

如果输入了小写字母 y 以外的其他内容，或者输入多于一个字符，程序会输出"Okay，we're done!"并结束。

## 9.2 认识布尔值

布尔表达式，或者说条件表达式（conditional expression），是一种重要的编程工具，计算机做决策的能力取决于它将布尔表达式求解为 True 或 False 的能力。我们必须使用计算机语言来告诉它我们想要测试的条件。python 中的条件表达式的语法如下：

expression1 conditional_operator expression2

每个表达式都可以是一个变量、一个值或其他的表达式。在 9.1 节所提到的程序中，answer == 'y' 是一个条件表达式，其中 answer 是第一个表达式，'y' 是第二个表达式。条件操作符负责检查 answer 是否等于 y，除了==，Python 中还有很多其他的条件操作符。

最常用的条件操作符是比较操作符，它们允许我们测试两个值，看看如何比较二者：其中一个值比另一个值大还是小？它们相等吗？使用一个比较操作符进行的每一次比较，都是一个条件，将会计算为 True 或 False，现实世界中一个比较的例子就是，当我们输入一个密码来进入一栋大厦的时候，布尔表达式接受了所输入的密码并且将其与正确的密码进行比较，如果输入的密码和正确的密码一致（相等），表达式结果为 True，门就打开了。

比较操作符如表 9-1 所示。

表 9-1 操作符

| 操作符 | 描述 |
| --- | --- |
| == | 检查两个操作数的值是否相等，如果是，则条件变为真 |
| != | 检查两个操作数的值是否相等，如果值不相等，则条件变为真 |
| <> | 检查两个操作数的值是否相等。如果值不相等，则条件为真 |

（续）

| 操作符 | 描述 |
|---|---|
| > | 检查左操作数的值是否大于右操作数的值，如果是，则条件成立 |
| < | 检查左操作数的值是否小于右操作数的值，如果是，则条件成立 |
| >= | 检查左操作数的值是否大于或等于右操作数的值，如果是，则条件成立 |
| <= | 检查左操作数的值是否小于或等于右操作数的值，如果是，则条件成立 |

Python 中的一些操作符和数学操作符不同，这使得更容易在标准键盘上录入它们：小于和大于使用的符号和我们所习惯的用法相同，分别是<和>；对于小于或等于，Python 将小于符号和等号一起使用，即<=，中间没有空格；对于大于或等于来说，也是一样的，使用>=。要注意的是，不能在两个符号之间放置等号，因为这么做将会在程序中导致错误。

测试两个值是否相等的符号是两个等号==，因为单个的等号已经用作赋值操作符了。例如，表达式 x = 5 是把值 5 赋给了变量 x，而 x == 5 则是测试 x 是否等于 5，将两个等号读作"等于"，这么做是有帮助的，这样可以避免常见的写法错误，例如，程序中正确的写法是 if x = 5（"如果 x 等于 5"），却写成了 if x == 5。

测试两个值是否不等的操作符是!=，即一个叹号后面跟着一个等号。当我们在一条语句中看到!的时候，就读出"不等于"，这样能够更容易记住这个组合。例如，我们可以将 if x != 5 读作"如果 x 不等于 5"。

让我们编写一个程序，使用布尔表达式来看看我们的年龄是否可以开车。在一个新的窗口中输入如下的代码并将其保存为 OldEnough.py：

```
# OldEnough.py
driving_age = eval(input("What is the legal driving age where you live?"))
your_age = eval(input("How old are you?"))
if your_age >= driving_age:
    print("You're old enough to drive!")
if your_age < driving_age:
    print("sorry, you can drive in", driving_age - your_age, "years.")
```

程序首先询问用户在他们所在的地区的合法驾车年龄，求得他们输入的数字并将这个值存储到一个名为 driving_age 的变量中。然后询问用户当前的年龄并将其存储到变量 your_age 中。

if 语句检查用户的当前年龄是否大于或等于开车年龄。如果得到的条件为 True，程序运行接下来的代码并且输出"You're old enough to drive!"，如果得到的条件为 False，程序将跳过接下来 True 的代码，并用 driving_age 减去 your_age，而后输出结果，告诉用户还需要等多少年才能够开车。

程序运行结果如下：

```
What is the legal driving age where you live?18
How old are you?23
You're old enough to drive!
```

然而看似完美的本程序还是有些许缺陷的。两条 if 语句给人的感觉有点多余。如果用户达到开车年龄了，我们应该不需要再判断来看看他们是否太小，因为已经知道他们不会是那种情况。如果用户不够年龄，我们也不需要判断他们是否太小，因为我们已经知道了他们就是太小。如果 Python 有一种方法能够去掉这种冗余的代码该多好啊!恰好 Python 确实有一种简便、快捷的方法能够处理像这样的情况，那就是 else 语句。

## 9.3 else 语句

我们常常想要让程序这样：如果一个条件为 True 的话，做一件事情；如果条件为 False 的话，做另外一些事情。这种情况非常常见，因此人们设计出一种快捷的方式，即 else 语句，它允许我们测试一个条件是否为真而不必再执行另一个测试来看它是否为假。else 语句只能在 if 语句之后使用而不能单独使用，因此，有时候我们将这两条语句一起称为 if-else 语句，其语法如下：

```
if condition:
    indented statement(s)
else:
    other indented statement(s)
```

如果一条 if 语句中的条件为真，if 下面缩进的语句就会执行并且 else 及其所有的语句就会略过。如果 if 语句中的条件为假，程序会直接跳到 else 后面的语句并执行这些语句。

我们可以重新编写 OldEnough.py，使用一条 else 语句以删除多余的条件测试(your_age < driving_age)，这不仅会使代码更短、更容易阅读，而且有助于防止在两个条件中出现编程错误。例如，如果我们在第 1 条 if 语句中测试 your_age > driving_age，而在第 2 条 if 语句中测试 your_age < driving_age，我们可能会意外地漏掉了 your_age == driving_age 的情况。通过成对地使用 if else 语句，我们可以只是测试 if your_age >= driving_age，看看我们的年龄是否达到开车年龄，如果达到的话就通知我们，否则的话就执行 else 语句并输出我们还必须等待多少年才能够开车的消息。以下是 OldEnoughOrElse.py 程序，这是 OIdEnough.py 的一个修改版本，它使用了一条 if-else 语句而不是两条 if 语句：

```
# OldEnoughOrElse.py
driving_age = eval(input("What is the legal driving age where you live?"))
your_age = eval(input("How old are you?"))
if your_age >= driving_age:
    print("You're old enough to drive!")
else:
    print("sorry, you can drive in", driving_age - your_age, "years.")
```

可以看出，这两个程序之间的区别是，我们使用一条更简短的 else 语句，替换了第二条 if 语句。

## 9.4　elif 语句

if 语句还有一种更为有用的插件，即 elif 子句。当我们需要检查两个以上可能的输出结果的时候，elif 是将 if-else 语句串在一起的一种方法。考虑一下学校的字母评级法：如果在一次考试中得分为 98，老师可能会根据评分分级标准给我们一个 A 或 A+的分数。但是，如果我们的得分较低，就不止一个分级了（从 A 到 F 有多个选项），老师可能会使用几种可能的分级：A，B，C，D 或者 F。

这正是一条或一组 elif 语句的用武之地。让我们来看一个 10 分评级的例子，其中 90 或以上的得分为 A 级，80～89 为 B 级，依次类推。如果我们的得分是 95，我们输出出来的字母分级是 A 并且跳过所有其他的选项。类似地，如果我们的得分为 85，我们不需要再测试 B 以后的情况。if elif-else 构造帮助我们以一种直接的方式做到这一点。我们尝试运行如下的 WhatsMyGrade.py 程序并且输入 0～100 不同的值：

```python
# WhatsMyGrade.py
grade = eval(input("Enter your number grade (0-100):"))
if grade >= 90:
    print("You got an A! ")
elif grade >= 80:
    print("You got a B.")
elif grade >= 70:
    print("you got a C.")
elif grade >= 60:
    print("you got a D.")
else:
    print("You got an F.")
```

首先我们用一个 input() 提示向用户请求从 0～100 的一个数字分数，使用 eval()函数将其转换为一个数字并将其存储到 grade 变量中。随后将用户的得分和值 90 进行比较，90 是字母分级 A 的下限。如果用户输入的分数是 90 分或更高，Python 会打输出"got an A!"并略过其他的 elif 和 else，语句继续程序的其他部分。如果分数不是 90 或更高，就继续往下进行，如果分数是 80 或更高，程序会输出正确的分级 B 并且略过其他的 else 语句。否则 elif 语句会检查分级 C，然后是 D，最后 60 分以下的任何分数都会运行到 0 并且 else 语句输出"You got an F."。

# 第 10 章 函数

## 10.1 定义函数

在 Python 中，我们使用关键字 def(definition 的缩写)来定义一个函数。后面跟着函数的名称、圆括号()以及一个冒号(：)，以下是我们将要构建的一个做随机螺旋线的函数 random_spiral()的第一行：

```
def random_spiral():
```

函数定义剩下的部分是一条或多条语句，都向右缩进，就像是将语句组织到 for 循环中时一样。要绘制一条随机的螺旋线，我们需要设置一个随机的颜色、一个随机的大小以及屏幕上的一个随机的（x，y）位置，然后，将钢笔移动到那里并绘制螺旋线。以下代码是完整的 random_spiral()函数：

```
def random_spiral():
    t.pencolor(random.choice(colors))
    size = random.randint(10,40)#生成一个指定范围内的参数
    x = random.randrange(-turtle.window_width()//2,#随机获得屏幕像素宽度的值
                         turtle.window_width()//2)
    y = random.randrange(-turtle.window_height()//2,#随机获得屏幕像素高度的值
                         turtle.window_height()//2)
    t.penup()#笔
    t.setpos(x,y)#海龟从原点(0, 0)移动到的位置
    t.pendown()#落笔
    for m in range(size):
        t.forward(m*2)
        t.left(91)
```

当定义函数的时候，计算机不会真正运行其中的代码。如果在 IDLE 中输入该函数定义，我们也不会得到一条螺旋线，要真正地绘制螺旋线，需要调用 random_spiral()函数。函数定义只是告诉计算机当某人真正调用该函数的时候，我们想要做些什么。在定义一个函数之后，我们在程序中通过使用后面跟着一个圆括号的函数名调用它。

我们要记住使用这个圆括号,因为它告诉计算机我们想要运行该函数。既然已经将 random_spiral()定义为一个函数,当我们在自己的程序中像这样调用 random_spiral()的时候,会得到一条随机的螺旋线。现在,假设要绘制 50 条随机螺旋线,我们可以把 for 循环简化为如下所示:

```
for n in range(50):
    random_spiral()
```

得益于使用我们自己构建的函数,这个循环很容易阅读,而且可以很容易地将随机螺旋线代码放入另一个程序之中。

以下是完整的程序:

```
import random
import turtle
t = turtle.Pen()
t.speed(0)
turtle.bgcolor("black")
colors = ["red","yellow","blue","green","orange","purple","white","gray"]

def random_spiral():
    t.pencolor(random.choice(colors))
    size = random.randint(10,40)
    x = random.randrange(-turtle.window_width()//2,
                         turtle.window_width()//2)
    y = random.randrange(-turtle.window_height()//2,
                         turtle.window_height()//2)
    t.penup()
    t.setpos(x,y)
    t.pendown()
    for m in range(size):
        t.forward(m*2)
        t.left(91)


for n in range(50):
    random_spiral()
```

做出的图像结果如图 10-1 所示。

除了得到了一个更加可读的程序,我们还得到了一个可以重复使用的 random_spiral()函数,我们可以复制、修改它并且可以很容易地在其他程序中使用它。如果我们发现自己一次又一次地重用一段代码,那么可以将其转换为一个函数,就像我们使用 def 对 random_spiral()所做的那样,你会发现,这样很容易移植代码,也就是说,将其复制到新的应用程序中并使用它。

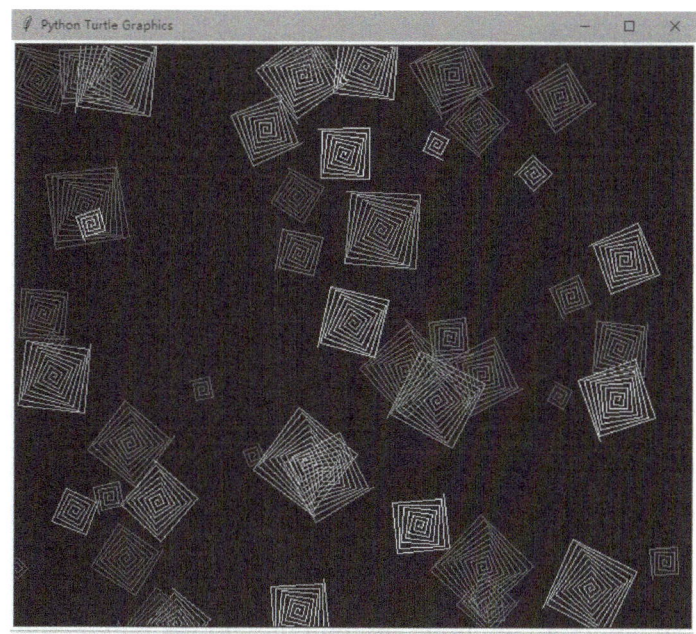

扫描二维码
可查看彩色图像

图 10-1　图像结果

## 10.2　参数

当创建函数的时候，可以为函数定义参数（parameter），参数允许我们通过传入值，作为括号中的实参，从而给函数发送信息。在第 1 条 print()语句中，我们已经给函数传递参数了。当我们编写 print("Hello")的时候，"Hello"是一个参数，表示要输出到屏幕上的字符串值。当调用 turtle 函数 t.left(90)的时候，我们是传入值 90 作为想要让 turtle（海龟）向左旋转的度数。

random_spiral()函数并不需要参数。它所需要的所有信息都在函数的代码中。但是，如果愿意，我们可以构建以参数形式接收信息的函数。

## 10.3 返回结果

我们可以使用参数把信息发送给一个函数，但是，如果想要接收来自函数的信息，该怎么办呢？例如，如果构建了一个函数，将英寸（in）转换为厘米（cm）。并且想要将转换后的数字存储起来供后续的计算使用，而不是直接将其输出到屏幕上，该怎么办呢？要将一个函数返回的信息传递给程序的剩余部分，可使用一条 return 语句。

很多时候，我们想要从一个函数得到返回的信息。例如，我们真正来构建一个函数，将英寸转换为厘米，将这个函数命名为 convert_in2cm()。我们可以想象，想要这个函数接收的参数是以英寸为单位的一个数量。但是，这个函数最好能够将信息返回给程序的剩余部分，也就是说，将转换后的厘米数返回。

要将英寸表示的长度转换为其对应的厘米，我们要将英寸的数字乘以 2.54，这是 1in 大概等于的厘米数。要将计算值传回给程序的剩余部分，我们使用一条 return 语句。关键字 return 后面的值将会作为函数的返回值（return value）或结果，传回给程序。让我们来定义该函数：

```
def convert_in2cm(inches):
    return inches*2.54
```

如果我们在 Python shell 中输入这两行代码，然后输入 convert_in2cm(72) 并按下〈Enter〉键，Python 将会返回 182.88，也就是说，72in 大约等于 182.88cm。182.88 是该函数返回的值并且是在命令行 shell 中返回的，当它调用一个函数之后，我们看到返回值在下一行输出出来。

# 第三部分

# 实践篇

# 第 11 章  玩转树莓派

## 11.1  认识树莓派

树莓派（Raspberry Pi）是一款信用卡大小的超小型计算机。它的长度为 8.56cm，宽度为 5.6cm，厚度只有 2.1cm。树莓派把整个系统集成在一块电路板上的解决方案，被称为系统级芯片（System on a Chip，SoC）。SoC 在手机等小型化设备中很常见，功耗也比较低。树莓派使用 SoC 的解决方案，正适合其超小型计算机的应用场景（图 11-1）。

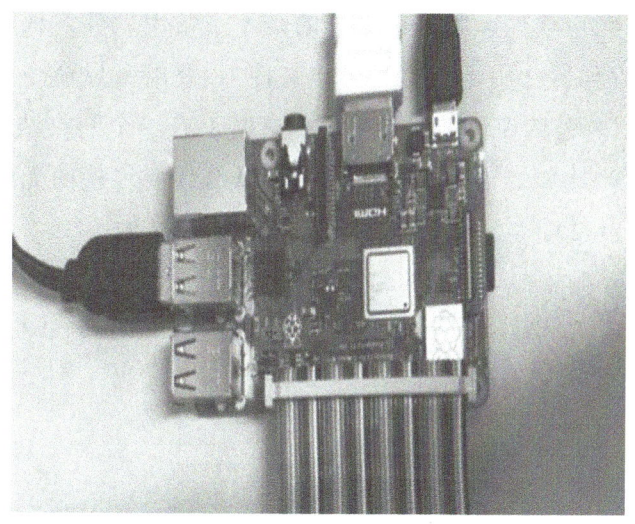

图 11-1  图树莓派的正面

可以认为树莓派是一台功能完整的计算机，而现代计算机都采用了冯·诺依曼体系，冯·诺依曼在 1945 年发表的一份报告中将计算机分为控制器、运算器（CPU）、存储器、输入设备和输出设备。与冯·诺依曼体系相比，树莓派的 CPU 中除了运算器、控制器和缓存之外，还有一块用于图形运算的图形处理器（GPU）。内存位于树莓派的反面，提供了 1GB 的存储空间，树莓派上并没有直接的输出设备，但预留了多种多样的接口，可以通过这些接口来连接输入输出设备，例如用 USB 接口连接键盘、鼠标，用高清多媒体接口（HDMI）连接显示器。接入输入输出设备之后，树莓派就补齐了冯·诺依曼体系的五大组件。树莓派上最关键的元件就是位于其中心位置的 ARM 处理器，处理器又被称为"中央处理器"或 CPU，是计算机中执行指令的中枢。所谓的指令，就是计算机的某个单元操作。

如果说 ARM 处理器是树莓派的心脏，那么 Linux 操作系统就是树莓派的大脑，大多数树莓派上安装的都是 Linux 操作系统，树莓派官方推出的 Raspbian 系统，也是 Linux 的一个发行版本。反过来说，当你熟悉了 Raspbian 操作系统，也就有了使用 Linux 系统的经验。

开机完成后，就可以进入 Raspbian 的图形化桌面了。导航栏左上角的菜单包含了很多应用软件，紧邻着菜单的是 5 个常用软件，依次是浏览器（用于上网），文件管理器（用于浏览和操作文件），终端（以命令行的方式控制操作系统）。导航栏之外的空间，就是桌面，桌面上有一个回收站。你可以点击图标进入设置页面，比如点击 Wi-Fi 图标，可以选择要连接的无线网络，并输入 Wi-Fi 密码（图 11-2）。

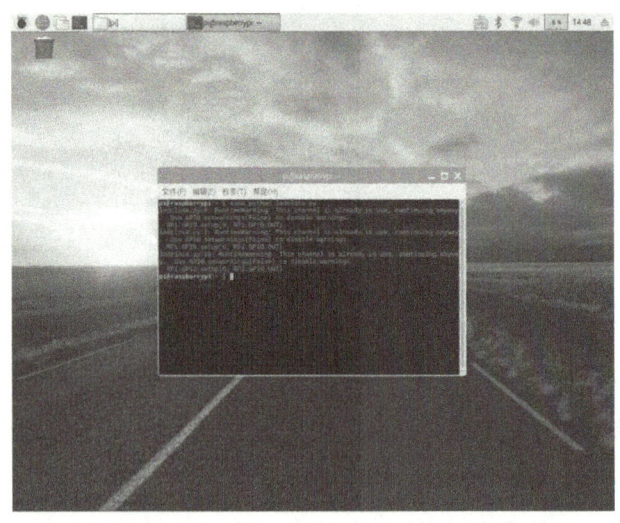

图 11-2　终端界面

打开终端，桌面上就会出现一个黑色背景的窗口，窗口上显示着：

---

pi@raspberrypi:~ $

---

这里的 pi 是用户名，raspberrypi 是计算机的名字，$是命令提示符。如果敲击键盘，则字符会显示在$提示符的后面，形成一串文本形式的命令。Shell就是运行在终端的文本互动程序，Shell通过分析文本输入，把文本转换成相应的计算机动作。

说到底Shell其实是一个正在运行的程序，这个程序接收到你两次单击〈Enter〉键之间的输入，就会对输入的文本进行分析。

## 11.2 实验一：基于DS18B20温度传感器的室内温度监控实验

◇ **实验目的** ◇

1. 了解微型计算机树莓派的使用方法；
2. 实现Python程序的编写；
3. 掌握元器件的接线；
4. 实现基于DS18B20的室内温度监控。

◇ **实验设备** ◇

1. 树莓派（Raspberry Pi 3b+）一个；
2. DS18B20温度传感器一个；
3. 杜邦线三根（双头母）。

◇ **实验要求** ◇

1. 编程要求：编写一段Python程序；
2. 实现功能：实现基于DS18B20传感器的室内温度监控。

◇ **实验原理** ◇

1. 通用型输入输出（General Purpose Input/Output，GPIO）接口简介

树莓派可以通过很多接口来连接到其他设备，在各种接口中最有特色的就是一组 GPIO 接口，这组接口大大拓展了树莓派的功能。GPIO 不仅能实现通信，还能直接控制电子元器件，从而让用户体验到硬件编程的乐趣。树莓派 3 上的 GPIO 接口由 40 个引脚（PIN）组成，每个引脚都可以用导线和外部设备相连。可以用焊接的方式把导线固定在 PIN 上，也可以用母型的跳线套接在 PIN 上。

计算机中用高、低两个电压来表示二进制的 1 和 0。树莓派上的 GPIO 用相同的方式来表示数据。每个 GPIO 的 PIN 都能处于输入或输出状态。当处于输出状态时，可以把 1 或 0 传给该 PIN。如果是 1，那么对应的物理 PIN 向外输出 3.3V 的高电压，否则输出 0V 的低电压。相应地，处于输入状态的 PIN 可以探测物理 PIN 上的电压。如果是高电压，那么该 PIN 将向系统返回 1，否则返回 0。利用简单的二元机制树莓派实现了和物理电路的互动。

2. DS18B20 传感器介绍

DS18B20 是一种单总线数字温度传感器，测量温度范围为 -55℃ -125℃，具有体积小、硬件成本低、抗干扰能力强、精度高的特点。所谓的"单总线"意味着没有时钟线，只有一根通信线。单总线读写数据是靠控制起始时间和采样时间来完成的，所以对时序要求很严格，这也是 DS18B20 驱动编程的难点。封装后的 DS18B20 可用于电缆沟测温、高炉水循环测温、锅炉测温、机房测温、农业大棚测温、洁净室测温、弹药库测温等各种非极限温度场合。由于其耐磨耐碰、体积小、使用方便、封装形式多样，还适用于各种狭小空间设备数字测温和控制领域。

要注意的是，当 DS18B20 电源极性接反时，芯片会因发热而烧毁。同时，接反是导致该传感器总是显示 85℃ 的原因，由于实际操作中将正负反接，传感器立即发热，液晶屏不能显示读数，正负接好后显示 85℃。

DS18B20 的测量结果以 9～12 位数字量方式串行传送,温度转换为 12 位数字格式,最大转换时间限制为 750ms,用户可定义的非易失性温度报警设置,应用范围包括恒温控制、工业系统、消费电子产品温度计或任何热敏感系统。在使用中不需要任何外围元件,全部传感元件及转换电路集成在形如一只晶体管的集成电路内。由于 DS18B20 与微处理器间采用串行数据传送,因此,在对 DS18B20 进行读写编程时,必须严格保证读写时序,否则将无法读取测温结果。

DS18B20 的引脚分布如图 11-3 所示,其内部结构如图 11-4 所示。

图 11-3　DS18B20 引脚分布

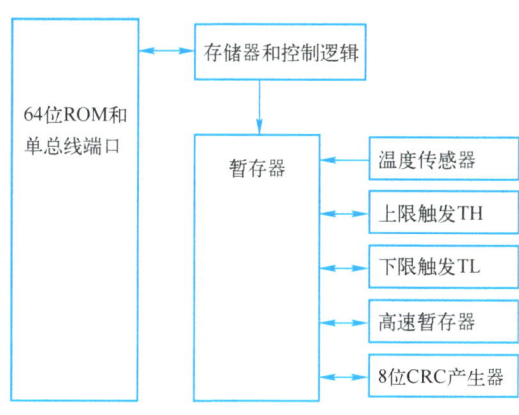

图 11-4　DS18B20 内部结构

◇ **实验程序代码** ◇

代码输入界面如图 11-5 所示。

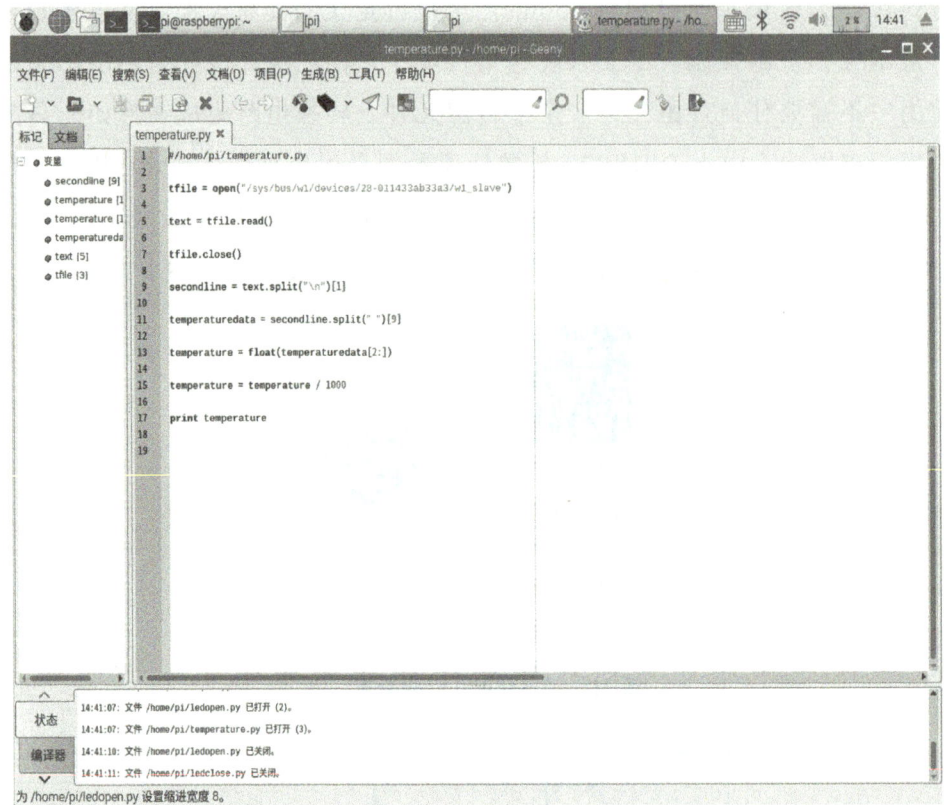

图 11-5 代码输入界面

**（1）将文件存放在/home/pi/temperature.py 文件中**

#/home/pi/temperature.py

**（2）打开温度传感器文件**

tfile = open("/sys/bus/w1/devices/28-00000494cb79/w1_slave")

注意：这里 28-00000494cb79 是温度传感器设备的序列号，每个设备都有其唯一的序列号，所以实验者应在这里输入自己温度传感器的设备序列号。

（3）读取文件所有内容

```
text = tfile.read()
```

（4）关闭文件

```
tfile.close()
```

（5）用换行符将字符串分割成数组，并取第二行

```
secondline = text.split("\n")[1]
```

（6）用空格将字符串分割成数组，并取最后一个，即t=23000

```
temperaturedata = secondline.split(" ")[9]
```

（7）取t=后面的数值，并转换为浮点型

```
temperature = float(temperaturedata[2:])
```

类似3，4，5这种数字，它们是一种int类型，即整型。那么对于2.13，100.2这种小数就是float类型，即浮点型。

（8）将单位转换为摄氏度

```
temperature = temperature / 1000
```

注意：这里要换算成摄氏度，不要忘记除以1000。

（9）打印值

print temperature

这里我们还可以尝试通过终端调用该 Python 程序实现室内温度的监控，如图 11-6 所示。

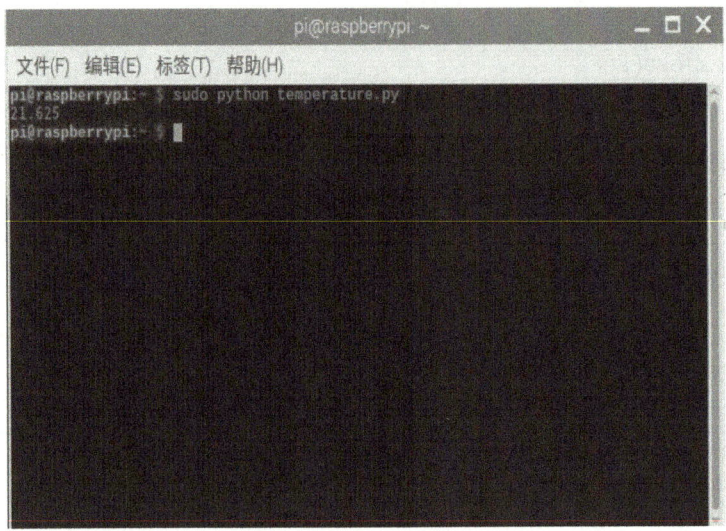

图 11-6　终端代码输入界面

我们可以得到该室内温度是 21.625℃，做这个实验的目的是为了让大家了解家庭室内温度远程监控，虽然只是"智能家居"实现的初步，但是在下班前如果发现家里温度过高，可通过用手机发送指令来实现提前 5～10 分钟打开空调降温的功能。

## 11.3　实验二：基于 S9012PNP 晶体管的风扇控制实验

◇实验目的◇

1. 掌握微型计算机树莓派的使用方法；

2. 实现 Python 程序的编写；

3. 掌握元器件的接线；

4. 了解晶体管的工作原理；

5. 实现基于 S9012PNP 晶体管的风扇控制。

◇ **实验设备** ◇

1. 树莓派（Raspberry Pi 3b+）一个；

2. S9012PNP 晶体管一个；

3. 杜邦线三根（双头母）。

◇ **实验要求** ◇

1. 编程要求：编写一段 Python 程序；

2. 实现功能：控制风扇的开闭。

◇ **实验原理** ◇

1. GPIO 接口

本次实验使用 GPIO 接口，上一个实验已经简单介绍了 GPIO 接口。我们知道树莓派的 GPIO 接口由 40 个引脚（PIN）组成，每个引脚都可以用导线和外部设备相连，在 40 个引脚中，有固定输出的 3.3V（1、17 号引脚）和地线（Ground，6、8、14、20、25、30、34、39 号引脚）。由于 GPIO 接口输出电压只有 3.3V，不足以为风扇提供足够的动力，故需要配合一个型号为 S9012PNP 的晶体管，通过晶体管放大电流，从而实现 5V 的输出。

此外，还可以用 GPIO 的方式连接两个树莓派，这样一个树莓派的 GPIO 输出将成为另一个树莓派的 GPIO 输入。连接方式很简单，只需要两根导线，一根导线连接树莓派的地线，另一根导线连接树莓派的两个引脚。

2. S9012 简单介绍

S9012 是一种常见的 PNP 型晶体管，在收音机以及各种放大电路中经常看到它，应用范围很广，它是 PNP 型小功率晶体管。该晶体管由发射极、基极、集电极构成。图 11-7 是其晶体管的示意图，B 表示基极、C 表示集电极、E 表示发射极。由于晶体管放大电路是对小信号的放大，常用器件能通过的电流最大也只有几百毫安，所以输入信号不能太大。其工作原理图如图11-8所示。

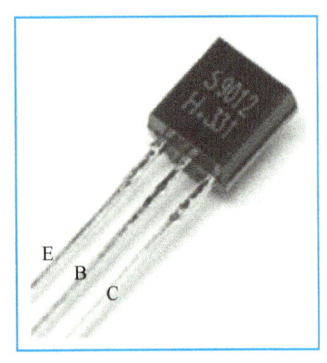

图11-7　S9012晶体管示意图

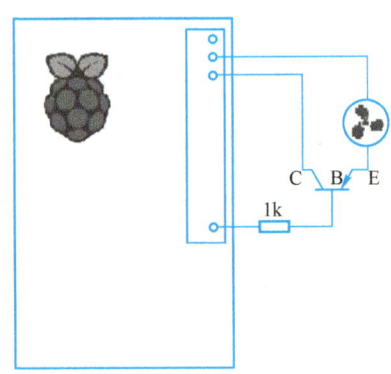

图11-8　实验接线示意图

### 3．Python模块简介

Python 模块是一个 Python 文件，以.py 结尾，包含了 Python 对象定义和 Python 语句，模块能帮助你有逻辑地组织你的 Python 代码段，把相关的代码分配到一个模块，能让你的代码更好用，更易懂。模块能定义函数、类和变量，模块里也能包含可执行的代码。

模块定义好后，可以使用 import 语句来引入模块，比如要引用模块 time，就可以在文件最开始的地方用 import time 来引入。当解释器遇到 import 语句，如果模块在当前的搜索路径就会被导入，搜索路径是一个解释器会进行搜索的所有目录的列表，一个模块只会被导入一次，不管你执行了多少次 import。

Python 中的 time 和 datetime 模块是时间方面的模块，time 模块中时间表现的格式主要有三种。

timestamp：时间戳，时间戳表示的是从 1970 年 1 月 1 日 00：00：00 开始按秒计算的偏移量。

struct_time：时间元祖，共有 9 个元素组。

format time：格式化时间，已格式化的结构使时间更具可读性，包括自定义格式和固定格式。

该实验还用到了 RPi.GPIO 模块程序包，它提供了一个在树莓派（Raspberry.Pi）

中控制 GPIO 的类。通过上面的介绍，我们可以用 import RPi.GPIO as GPIO 导入该模块，通过该操作，可以将模块名称映射为 GPIO，以便接下来其他脚本进行使用。

4．Python 异常处理

常见异常列于表 11-1 中。

表 11-1  常见的异常

| SyntaxError | Python 语法错误 |
| --- | --- |
| TypeError | 对类型无效的操作 |
| ValueError | 传入无效的参数 |
| RuntimeError | 一般的运行时错误 |
| ImportError | 导入模块/对象失败 |
| RuntimeWarning | 可疑的运行时行为(runtime behavior)的警告 |
| SyntaxWarning | 可疑的语法的警告 |
| SystemExit | 解释器请求退出 |

异常即是一个事件，该事件会在程序执行过程中发生，影响了程序的正常执行。一般情况下，在 Python 无法正常处理程序时就会发生一个异常。异常是 Python 对象，表示一个错误。当 Python 脚本发生异常时我们需要捕获并处理它，否则程序会终止执行。

捕获异常可以使用 try/except 语句。try/except 语句用来检测 try 语句块中的错误，从而让 except 语句捕获异常信息并处理。如果你不想在异常发生时结束你的程序，只需在 try 语句里捕获它。

try 语句的工作原理是，当开始一个 try 语句后，Python 就在当前程序的上下文中做标记，这样当异常出现时就可以回到这里，try 子句先执行，接下来会发生什么依赖于执行时是否出现异常。

（1）如果当 try 后的语句执行时发生异常，Python 就跳回到 try 并执行第一个匹配该异常的 except 子句，异常处理完毕，控制流就通过整个 try 语句（除非在处理异常时又引发新的异常）。

（2）如果在 try 后的语句里发生了异常，却没有匹配的 except 子句，异常将被递交到上层的 try，或者到程序的最上层（这样将结束程序，并打印出错信息）。

（3）如果在 try 子句执行时没有发生异常，Python 将执行 else 语句后的语句（如果有 else 的话），然后控制流通过整个 try 语句。

**◇实验硬件操作◇**

1）将 S9012PNP 晶体管的 E 板与树莓派 GPIO 的 20 引脚相连；

2）将 S9012PNP 晶体管的 B 板与一个 1kΩ 的电阻相连后再与树莓派 GPIO 的 23 引脚相连，加上电阻的原因是防止晶体管过热；

3）将 S9012PNP 晶体管的 C 板与风扇的负极相连，风扇正极再与树莓派 GPIO 的 16 引脚相连。

**◇实验程序代码◇**

1．起动风扇

代码编译界面如图 11-9 所示。

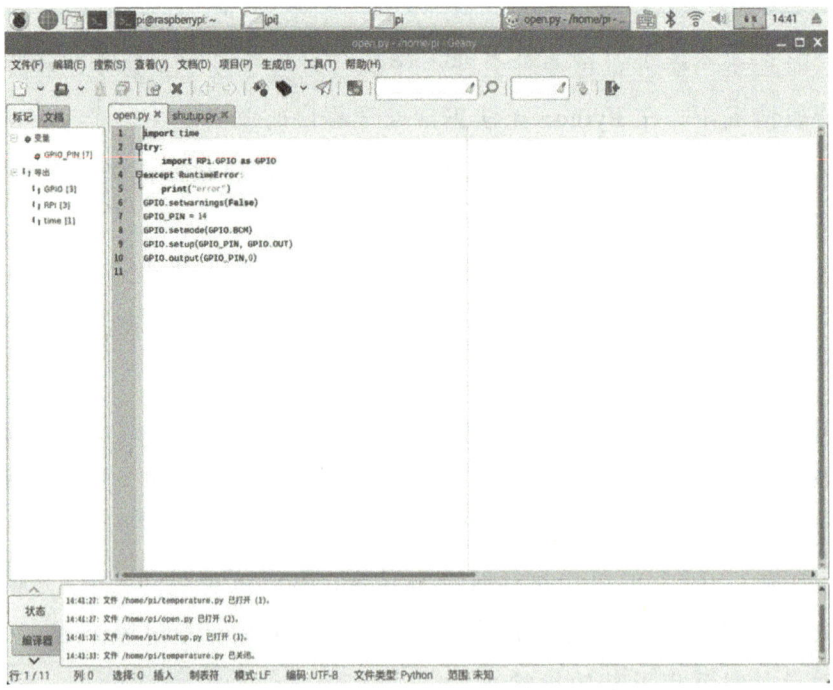

图 11-9　代码编译界面

（1）引入 time 模块

```
import time
```

（2）引入 RPi.GPIO 模块

这里将 RPi.GPIO 映射为 GPIO,接下来如果引用到该模块函数，只需要用 GPIO.函数名来表示就可以了。导入 GPIO 模块并检查它是否导入成功，可以尝试下列语句（try 的使用方法可参考原理部分的介绍）：

```
try:
    import RPi.GPIO as GPIO
except RuntimeError:
    print("error")
```

（3）禁用该警告消息

可能树莓派的 GPIO 上同时有多个脚本/循环。因此，如果 RPi.GPIO 检测到某个引脚被设置为其他用途而非默认的状态（默认为输入），会在尝试配置某脚本时得到警告消息。

```
GPIO.setwarnings(False)
```

（4）使用 GPIO 的 14 引脚

```
GPIO_PIN = 14
```

（5）引脚编号

目前有两种方式可以通过 RPi.GPIO 对树莓派上的 IO 引脚进行编号。第一种方式是使用 BOARD 编号系统。该方式参考树莓派主板上 P1 接线柱的引脚编号。使用该方式的优点是无须考虑主板的修订版本,硬件始终都是可用的状态。无须重新连接线路和更改代码。

第二种方式是使用 BCM 编号系统。这是一种较低层的工作方式,该方式参考 Broadcom SOC 的通道编号。使用过程中,始终要保证主板上的引脚与图表上标注的通道编号相对应,否则脚本可能在树莓派主板进行版本更新时无法工作,本实验使用的第二种 BCM 编号:

```
GPIO.setmode(GPIO.BCM)
```

（6）配置通道

格式：GPIO.setup(channel, GPIO.OUT)

由上面已知 channel 为 GPIO_PIN = 14,需注意通道编号是基于所使用的编号系统来设定,即这里为 BCM 编号:

```
GPIO.setup(GPIO_PIN, GPIO.OUT)
```

（7）设置 GPIO 引脚的输出状态

状态可以为 0 / GPIO.LOW / False 或者 1 / GPIO.HIGH / True,本实验设置状态为 0,即输出低电平:

```
GPIO.output(GPIO_PIN,0)
```

2．关闭风扇

关闭风扇的代码与起动风扇无较大差别,只是在最后一步设置 GPIO 引脚的输出状态时将其设置为 1,即高电平输出,大家可以动手尝试:

```
import time
try:
```

```
    import RPi.GPIO as GPIO
except RuntimeError:
    print("error")
GPIO.setwarnings(False)
GPIO_PIN = 14
GPIO.setmode(GPIO.BCM)
GPIO.setup(GPIO_PIN, GPIO.OUT)
GPIO.output(GPIO_PIN,1)
```

## 11.4 实验三：基于 AC-S801 RGB LED 的 LED 发光控制实验

◇ **实验目的** ◇

1. 了解微型计算机树莓派的使用方法；
2. 了解 LED 的发光原理；
3. 掌握元器件的接线；
4. 实现对三色 LED 的发光控制。

◇ **实验设备** ◇

1. 树莓派（Raspberry Pi 3b+）一个；
2. 彩色 RGB 二极管一根；
3. 杜邦线 4 条（双头母）。

◇ **实验要求** ◇

1. 编程要求：编写一段 Python 程序；
2. 实现功能：实现分别点亮红、黄、蓝灯的功能。

◇ **实验原理** ◇

此 RGB LED 里其实有 3 个灯，分别是红灯、绿灯和蓝灯。控制这 3 个灯分别发出不同强度的光，可以呈现最终发出各种颜色的光的效果。LED 上的 4 个引脚分别是 VCC、R、G、B。VCC 需要接到电源正极，我们把它连到树莓派的 5V 引脚上。R、G、B 分别是红、绿、蓝灯的负极接口，我们把它们连接到树莓派的 GPIO 接口上。然后使用 PWM（脉冲宽度调制）来控制 3 个小灯的明暗程度即可混合出各种不同颜色的光。

1. AC-S801 RGB LED 介绍

LED 是二极管的一种，它可以把电能转化成光能。发光二极管与普通二极管一样也是由一个 PN 结组成，也具有单向导电性。当给发光二极管加上正向电压后，从 P 区注入 N 区的空穴和由 N 区注入 P 区的电子，在 PN 结附近数微米内分别与 N 区的电子和 P 区的空穴复合，产生自发辐射的荧光。不同的半导体材料中电子和空穴所处的能量状态不同。

LED 有共阳极和共阴极这两种接法，共阴极 3 种发光颜色即本实验的红、蓝、绿三色的管芯负极连接在一起，4 个引脚中，有 3 个脚分别为绿色发光二极管的正极、蓝色发光二极管的正极和红色发光二极管的正极，还有一个引脚接公共负极。使用时，公共负极 3 脚接地，其余引脚按需要接入工作电压即可。本实验使用的是共阳极的连接方式，即共同的阳极连接在一起接电源正极，负极则作为控制极。

图 11-10 是实验所需的 LED 二极管，图 11-11 是元器件的矢量图，可以参照该图通过杜邦线进行 LED 和树莓派的连接。

图 11-10　实验所需器材

图 11-11　元器件示意图

2. 脉冲宽度调制（PWM）介绍

脉冲宽度调制是利用微处理器的数字输出来对模拟电路进行控制的一种非常有效的技术，广泛应用在测量、通信，以及功率控制与变换等许多领域中。脉冲宽度调制是一种模拟控制方式，其根据相应载荷的变化来调制晶体管基极或 MOS 晶体管栅极的偏置，来实现晶体管或 MOS 晶体管导通时间的改变，从而实现开关稳压电源输出的改变。这种方式能使电源的输出电压在工作条件变化时保持恒定，是利用微处理器的数字信号对模拟电路进行控制的一种非常有效的技术。

脉宽调制基本原理：控制方式就是对逆变电路开关器件的通断进行控制，使输出端得到一系列幅值相等的脉冲，用这些脉冲来代替正弦波或所需要的波形。也就是在输出波形的半个周期中产生多个脉冲，使各脉冲的等值电压为正弦波形，所获得的输出平滑且低次谐波少。按一定的规则对各脉冲的宽度进行调制，即可改变逆变电路输出电压的大小，也可改变输出频率。

由于树莓派引脚输出的电平只有 0 和 1，但要实现渐变的效果，传入的电流必须有 0.x 的值，为了达到这个目的，所以必须引入脉冲宽度调制的概念。LED 的点亮和熄灭，是电平高低变换的结果，可以将一高一低看作一个周期，每个周期一亮一灭，会显示为 LED 的闪烁，当周期很短，也就是频率很高时，这种闪烁将不被肉眼识别，会让人产生 LED 连续发光的感觉。在一个周期内，高电平时长与一个周期时长之比叫作占空比，占空比越高，相当于通过 LED 的电流就越大，视觉上的感觉就越亮。

3. 树莓派 40 引脚对照表

要注意的是，树莓派在使用过程中，始终要保证主板上的引脚与图表上标注的通道编号相对应，否则脚本可能在树莓派主板进行版本更新时无法工作。由表 11-2 可知，本实验使用到 GPIO.0、GPIO.2 和 GPIO.3 所对应的 BCM 编码是 17、27 和 22。

表 11-2　树莓派 40 引脚对照表

| BCM 编码 | 功能名 | 物理引脚（BOARD 编码） | | 功能名 | BCM 编码 |
|---|---|---|---|---|---|
| | 3.3V | 1 | 2 | 5V | |
| 2 | SDA.1 | 3 | 4 | 5V | |
| 3 | SCL.1 | 5 | 6 | GND | |
| 4 | GPIO.7 | 7 | 8 | TXD | 14 |
| | GND | 9 | 10 | RXD | 15 |
| 17 | GPIO.0 | 11 | 12 | GPIO.1 | 18 |
| 27 | GPIO.2 | 13 | 14 | GND | |
| 22 | GPIO.3 | 15 | 16 | GPIO.4 | 23 |
| | 3.3V | 17 | 18 | GPIO.5 | 24 |
| 10 | MOSI | 19 | 20 | GND | |
| 9 | MISO | 21 | 22 | GPIO.6 | 25 |
| 11 | SCLK | 23 | 24 | CE0 | 8 |
| | GND | 25 | 26 | CE1 | 7 |
| 0 | SDA.0 | 27 | 28 | SCL.0 | 1 |
| 5 | GPIO.21 | 29 | 30 | GND | |
| 6 | GPIO.22 | 31 | 32 | GPIO.26 | 12 |
| 13 | GPIO.23 | 33 | 34 | GND | |
| 19 | GPIO.24 | 35 | 36 | GPIO.27 | 16 |
| 26 | GPIO.25 | 37 | 38 | GPIO.28 | 20 |
| | GND | 39 | 40 | GPIO.29 | 21 |

4．三原色介绍

由于红（R）、绿（G）、蓝（B）三种色光无法被分解，故称"三原色光"。将这三种色光相加即为白光，也就是说，白光中含有红光、蓝光和绿光。三原色光中任意两种色光等量相加，则成为三原色光中另一种色光的互补色光，如图 11-12 所示。

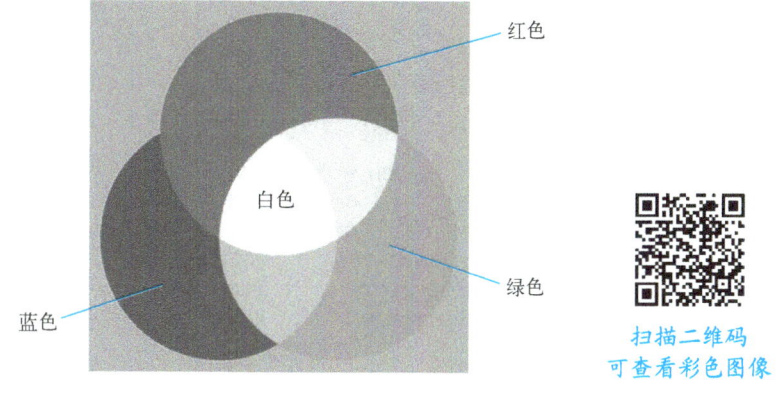

图 11-12 三原色

等量的红光+绿光=黄光，互补于蓝光。

等量的红光+蓝光=洋红光，互补于绿光。

等量的绿光+蓝光=青光，互补于红光。

如果三原色光中某一种色光与某一种三原色光以外的色光等量相加后形成白光，则称这两种色光为互补色光。互补色光之间能够形成相互阻挡的效果。

◇ **实验硬件操作** ◇

1）将 AC-S801 的 4 根引脚和四条杜邦线相连接。按照芯片上的文字指引，可知其中 3 根连接红色、绿色、蓝色，还有一根用于连接树莓派电源引脚。

2）将连接红色 LED 引脚的导线与树莓派 GPIO15 UART0_RXD 引脚相连。

3）将连接绿色 LED 引脚的导线与树莓派 GPIO18 PCM_CLK 引脚相连。

4）将连接蓝色 LED 引脚的导线与树莓派 GPIO14 UART0_TXD 引脚相连。

5）最后将 VCC 引脚的导线与 5V 电源相连。

硬件连接图如图 11-13 所示。

◇ **实验程序代码** ◇

代码编译界面如图 11-14 所示。

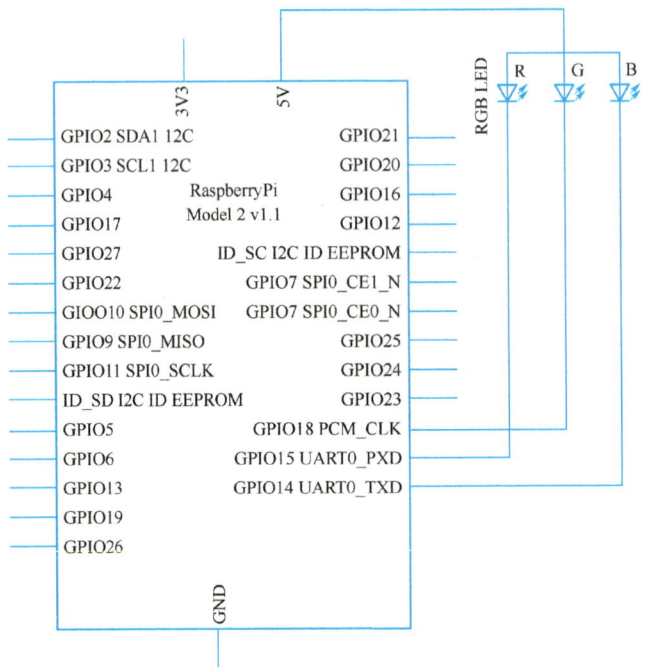

图 11-13　硬件连接图

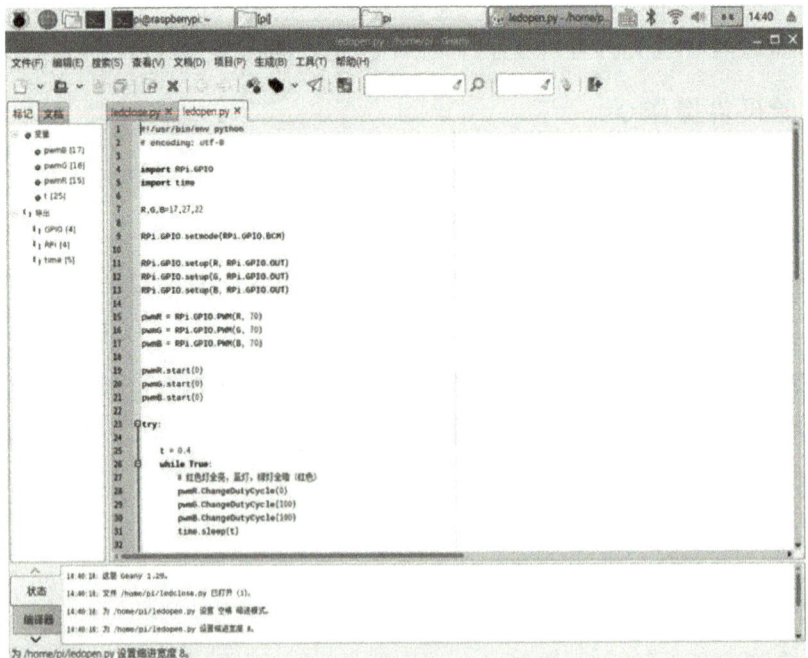

图 11-14　代码编译界面

（1）声明编码方式

```
#!/usr/bin/env python
# encoding: utf-8
```

第一行注释的作用是告诉文件中的代码是用什么编译器去执行。第二行注释的作用是告诉 Python 编译器，按照 UTF-8 编码读取源代码，否则，在源代码中写的中文输出可能会有乱码。

在 Python 中有时会为了让其他人看懂自己的代码，会在代码中添加注释。注释分为单行注释和多行注释，Python 编译器会自动忽略注释，不去运行注释中的内容。注释在开发中经常会被用到,如果你想成为一个合格的 Python 程序员，就要学会在自己的代码中使用注释。

注释的形式有单行注释和多行注释两种。单行注释是在要被注释的内容之前加上#号，那么这一行#号后面的内容都不会被编译器编译运行了。多行注释是在多个行中使用注释，和单行注释不同的是，多行注释只需要一对符号，就可以让 Python 编译器多个行的内容自动省略。多行注释可以使用"""注释内容"""，这种形式的注释就会使多个行之间的内容被注释，而不会被编译器执行。

（2）引入 RPi.GPIO 和 time 模块

由于这一部分在上一个实验已经详细说明，所以不做赘述。

```
import RPi.GPIO
import time
```

（3）使用 GPIO.0、GPIO.3 和 GPIO.2

这里，由于本实验所使用的是 BCM 码，对照引脚表，将 R 对应 17，G 对应 27，B 对应 22。

R,G,B=17,22,27

RPi.GPIO.setmode(RPi.GPIO.BCM)

（4）配置通道

格式：RPI.GPIO.setup(channel, GPIO.OUT)

RPi.GPIO.setup(R, RPi.GPIO.OUT)

RPi.GPIO.setup(G, RPi.GPIO.OUT)

RPi.GPIO.setup(B, RPi.GPIO.OUT)

（5）创建 PWM

格式：p=RPI.GPIO.PWM(channel, frequency)，其中 channel 代表通道，frequency 代表频率。

这里创建 pwmR、pwmG 和 pwmB 三个 PWM，频率都设置为 70Hz。

pwmR = RPi.GPIO.PWM(R, 70)

pwmG = RPi.GPIO.PWM(G, 70)

pwmB = RPi.GPIO.PWM(B, 70)

（6）启用 PWM

格式：p.start(dc)，其中 dc 代表占空比，范围[0,100]。

pwmR.start(0)

pwmG.start(0)

pwmB.start(0)

（7）设置红色

- time.sleep(t)

该函数的作用是推迟调用线程的运行,线程睡眠指定时间,单位为秒,t 表示推迟执行的秒数,这里设置 t=0.4s

- 更改占空比

格式:p.ChangeDutyCycle(dc) 范围[0,100],这里在发红色光时,将红色占空比设置为 0,其余设置为 100

```
try:

    t = 0.4
    while True:
        # 红色灯全亮,蓝灯,绿灯全暗(红色)
        pwmR.ChangeDutyCycle(0)
        pwmG.ChangeDutyCycle(100)
        pwmB.ChangeDutyCycle(100)
        time.sleep(t)
```

(8)设置绿色和蓝色

这里由于红色已经详细说明,只需更改占空比就可以实现另外两个三原色,大家动手尝试一下吧!

```
        # 蓝色灯全亮,红灯,绿灯全暗(蓝色)
        pwmR.ChangeDutyCycle(100)
        pwmG.ChangeDutyCycle(100)
        pwmB.ChangeDutyCycle(0)
        time.sleep(t)

        # 绿色灯全亮,红灯,蓝灯全暗(绿色)
        pwmR.ChangeDutyCycle(100)
```

```
pwmG.ChangeDutyCycle(0)
pwmB.ChangeDutyCycle(100)
time.sleep(t)
```

### (9) 设置黄色、洋红色和白色

根据原理部分的三原色介绍,黄色灯光是由红色灯光和绿色灯光相加而成得,只需将红色、绿色占空比设置为 0,蓝色为 100 就可以得到了。

```
# 红灯,绿灯全亮,蓝灯全暗(黄色)
pwmR.ChangeDutyCycle(0)
pwmG.ChangeDutyCycle(0)
pwmB.ChangeDutyCycle(100)
time.sleep(t)
```

洋红色灯光是由红色灯光和蓝色灯光相加而成得,将红色、蓝色占空比设置为 0,绿色为 100 就可得到。

```
# 红灯,蓝灯全亮,绿灯全暗(洋红色)
pwmR.ChangeDutyCycle(0)
pwmG.ChangeDutyCycle(100)
pwmB.ChangeDutyCycle(0)
time.sleep(t)
```

青色灯光是由绿色灯光和蓝色灯光相加而成得,将绿色、蓝色占空比设置为 0,红色为 100 就可得到。

```
# 绿灯,蓝灯全亮,红灯全暗(青色)
pwmR.ChangeDutyCycle(100)
pwmG.ChangeDutyCycle(0)
```

```
pwmB.ChangeDutyCycle(0)
time.sleep(t)
```

白色就是将三种颜色的占空比都重置为 0，大家自己动手尝试一下吧！

```
# 红灯，绿灯，蓝灯全亮（白色）
pwmR.ChangeDutyCycle(0)
pwmG.ChangeDutyCycle(0)
pwmB.ChangeDutyCycle(0)
time.sleep(t)
```

（10）组合各种颜色

除了上述的 6 种颜色之外，还可以通过设置不同占空比组合出其他颜色，这里使用到了 Python 的嵌套循环。

- Python 的嵌套循环

格式：

for 条件 A:

状态（B）

for 条件 C:

状态（D）

注意，不要缺少 for 后面的冒号

- xrange 函数

下面举一个 xrange(2, 10, 2)的例子，表示取[2, 4, 6, 8]这 4 个数，即从 2 开始，之后 y 每取一个数需在前一个数的基础上加 2，不包括 10 这个数。

由于占空比的范围是[0,100]，而 xrange 函数是[ ]（左闭右开），所以这里 xrange 函数为(0, 101, 20)，并且以 20 占空比为一间隔，这样将取到[0,20,40,60,80,100]这 6 个数值的占空比，这里将睡眠时间设置为 0.01s。

```
# 调整红绿蓝 LED 的各个颜色的亮度组合出各种颜色
for r in xrange (0, 101, 20):
    pwmR.ChangeDutyCycle(r)
    for g in xrange (0, 101, 20):
        pwmG.ChangeDutyCycle(g)
        for b in xrange (0, 101, 20):
            pwmB.ChangeDutyCycle(b)
            time.sleep(0.01)
```

### （11）命令行无法退出问题

如果遇到命令无法退出（KeyboardInterrupt）问题，使用 pass 语句，可保证程序继续运行。一般 Python 中的 pass 是空语句，它的存在是为了保持程序结构的完整性。

```
except KeyboardInterrupt:
    pass
```

### （12）停止 PWM

格式：p.stop()

```
pwmR.stop()
pwmG.stop()
pwmB.stop()
```

### （13）清理通道

```
RPi.GPIO.cleanup()
```

# 第 12 章 神经网络初探

目前大家所熟知的"深度学习"基本上是深层神经网络的一个代名词,而神经网络技术可以追溯到 1943 年。深度学习之所以看起来像是一门新技术,一个很重要的原因是它在 21 世纪初期并不流行。神经网络的发展史大致可以分为三个阶段,在本章中我们将简单介绍神经网络的三个发展阶段。

## 12.1 什么是神经网络

早期的神经网络模型类似于仿生机器学习,它试图模仿大脑的学习机理。最早的神经网络数学模型是由沃伦·麦卡洛克(Warren McCulloch)教授和沃尔特·皮茨(Walter Pitts)教授于 1943 年在论文《A logical calculus of the ideas immanent in nervous activity》中提出的。论文模拟人类大脑神经原的结构提出了麦卡洛克-皮茨(McCulloch-Pitts Neuron)计算结构。如图 12-1 所示,人类神经元由细胞核、树突、细胞体、轴突等结构组成。

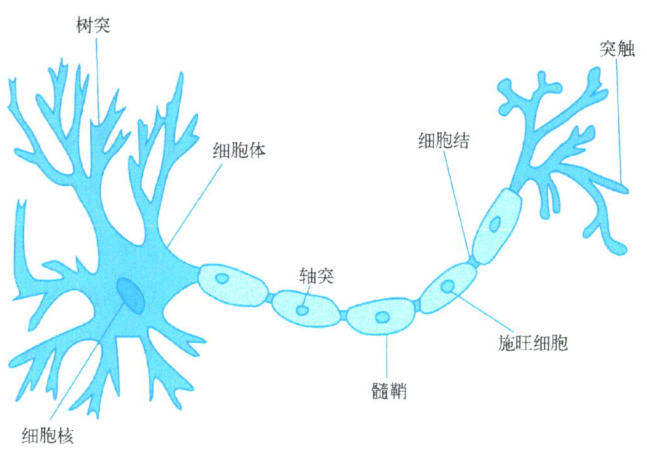

图 12-1 人类神经元结构

麦卡洛克-皮茨结构大致模拟了人类神经元的工作原理，它们都有一些输入，然后将输入进行一些变换后得到输出结果（图 12-2）。虽然人类神经元处理输入信号的原理目前还不是完全清晰，但麦卡洛克-皮茨结构使用了简单的线性加权和的方式来模拟这个变换。将 $n$ 个输入值提供给麦卡洛克-皮茨结构后，它会通过 $n$ 个权重 $W_1, W_2, \cdots W_n$ 来计算这 $n$ 个输入的加权和，然后用这个加权和经过一个阈值函数得到一个 0 或 1 的输出。

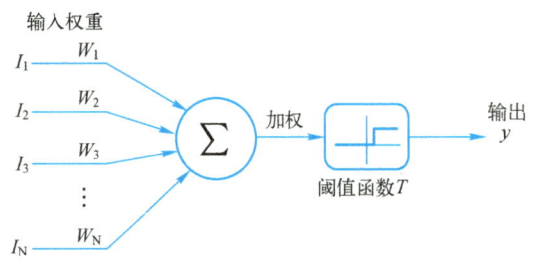

图 12-2　麦卡洛克-皮茨结构

下面举一个具体的例子来说明麦卡洛克-皮茨结构是如何解决实际问题的。假设需要解决的问题是判断邮件是否为垃圾邮件，那么首先可以将从邮件里提取的 $n$ 个特征值作为输入传入麦卡洛克-皮茨结构。麦卡洛克-皮茨结构经过加权和阈值函数处理可以得到一个 0 或者 1 的输出。如果这个输出为 0，那么相应的邮件为垃圾邮件；相反，如果这个输出为 1，那么相应的邮件不是垃圾邮件。

为了使这种方法可以精确地判断垃圾邮件，我们需要对麦卡洛克-皮茨结构中的权重进行特殊的设置。手动设置这些权重自然是一种选择，但通过人类经验设置权重的方式既麻烦又很难达到最优的效果。为了让计算机能够更加自动且更加合理地设置权重大小，弗兰克·罗森布拉特（Frank Rosenblatt）教授于 1958 年提出的感知器模型。感知器是首个可以根据样例数据来学习特征权重的模型，虽然麦卡洛克-皮茨结构和感知器模型极大地影响了现代机器学习，但是它们也存在非常大的局限性。

1969 年由马文·明斯基（Marvin Minsky）教授和西蒙·派珀特（Seymour Papert）教授出版的一书中，证明了感知器模型只能解决线性可分问题，在第一部分已经有一些篇幅介绍感知器模型。感知器是无法解决异或问题。而且当时的计算能力下，实现多层的神经网络是不可能的事情。这些局限性导致了整个学术界对生物启发的机器学习模型的抨击。在书中甚至做出了"基于感知器的研究注定将失败"的结论。这导致了神经网络的第一次重大低潮，在之后的十多年内，基于神经网络的研究几乎处于停滞状态。

直到 20 世纪 80 年代末，第二波神经网络研究因分布式知识表达（distributed representation）和神经网络反向传播算法的提出而兴起。分布式的知识表达核心思想是现实世界中的知识和概念应该通过多个神经元（neuron）来表达，而模型中的每一个神经元也应该参与表达多个概念。例如，假设要设计一个模型使得模型中的每一个神经元对应一种颜色和汽车型号的组合，比如"白色的小轿车"。如果有 $n$ 种颜色，$m$ 种型号，那么这样的表达方式需要 $n \times m$ 个神经元。另一种方法是使用一些神经元专门表达颜色，比如"白色"，另外一些神经元专门表达汽车型号，比如"小轿车"。这样"白色的小轿车"的概念可以通过这两个神经元的组合来表达。这种方式只需要 $n+m$ 个神经元就可以表达所有概念。而且即使在训练数据中没有出现概念"红色的卡车"，只要模型能够习得"红色"和"卡车"的概念，它也可以推广到概念"红色的卡车"。分布式知识表达大大加强了模型的表达能力，让神经网络从宽度的方向走向了深度的方向。

## 12.2 神经网络与深度学习

在 20 世纪 80 年代末，研究人员在降低训练神经网络的计算复杂度上也取得了突破性成就。大卫·埃弗雷特·鲁梅尔哈特（David Everett Rumelhart）教授、杰弗里·埃弗里斯特·辛顿（Geoffrey Everest Hinton）教授和罗纳德·J·威廉斯（Ronald J.Williams）教授于 1986 年在自然杂志上发表的《通过反向传播算法的学习表征》（Learning Representations by Back-propagating errors）文章中首次提出了反向传播的算法（back propagation），此算法大幅降低了训练神经网络所需要的时间。直到今天，反向传播算法仍然是训练神经网络的主要方法。在神经网络训练算法改进的同时，计算机的飞速发展也使得 20 世纪 80 年代末的计算能力相比 70 年代有了突飞猛进的增长。于是神经网络在 80 年代末到 90 年代初又迎来了发展的高峰期。如今使用比较多的一些神经网络结构，比如卷积神经网络和循环神经网络，在这段时间都得到了很好的发展。塞普·雷赫莱特（Sepp Hochreiter）教授和尤尔根·施米德胡贝尔（Jürgen Schmidhuber）教授于 1991 年提出的 LSTM（long short-term memory）模型可以有效地对较长序列进行建模，比如一句话或一段文章（图 12-3）。直到今天，LSTM 都是解决很多自然语言处理、机器翻译、语言识别、时序预测等问题最有效的方法。

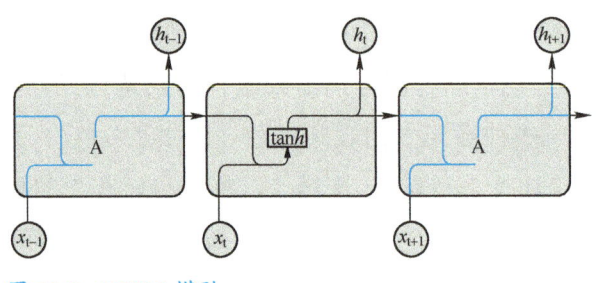

图 12-3　LSTM 模型

然而，在神经网络发展的同时，传统的机器学习算法也有了突破性的进展，并在 20 世纪 90 年代末逐步超越了神经网络，成为当时机器学习领域最常用的方法。以手写数字识别为例，在 1998 年，使用支持向量机的算法可以把错误率降低到 0.8%。这样的精确度是当时的神经网络无法达到的。导致这种情况主要有两个原因。首先，虽然训练神经网络的算法得到了改进，但在当时的计算资源下，要训练深层的神经网络仍然是困难的。其次，当时的数据量比较小，无法满足训练深层神经网络的需求。

随着计算机性能的进一步提高，以及云计算、GPU 的出现，到 2010 年左右，计算量已经不再是阻碍神经网络发展的问题。与此同时，随着互联网+的发展，获取海量数据也不再困难。这让神经网络所面临的几个大问题都得到解决，于是神经网络的发展也迎来了新的高潮。

图 12-4 是针对同一中文原句不同算法和人工翻译的效果。我们可以发现基于深度学习的算法的翻译结果更接近人工翻译结果，也就是比传统的机器学习

算法更加接近"人工智能"。

| | |
|---|---|
| 中文原句 | 李克强此行将启动中加总理年度对话机制，与加拿大总理杜鲁多举行两国总理首次年度对话。 |
| 基于传统机器学习算法的翻译结果 | Li Keqiang premier added this line to start the annual dialogue mechanism with the Canadian Prime Minister Trudeau two prime ministers held its first annual session. |
| 基于深度学习算法的翻译结果 | Li Keqiang will start the annual dialogue mechanism with Prime Minister Trudeau of Canada and hold the first annual dialogue between the two premiers. |
| 人工翻译结果 | Li Keqiang will initiate the annual dialogue mechanism between premiers of China and Canada during this visit, and hold the first annual dialogue with Premier Trudeau of Canada. |

图 12-4　不同翻译算法的翻译效果对比表

在 2012 年 ImageNet 举办的图像分类竞赛（ImageNet Large Scale Visual Recognition Challenge，ILSVRC）中，由 Alex Krizhevsky 教授实现的深度学习系统 AlexNet 赢得了冠军。自此之后，深度学习（deep learning）作为深层神经网络的代名词被大家所熟知。深度学习的发展也开启了一个 AI 的新时代。图 12-5 展示了"deep learning"这个词在最近十年谷歌搜索的热度趋势。从 2012 年之后，深度学习的热度呈指数级上升，到 2016 年时，深度学习已经成为谷歌上最热门的搜索词。在 2013 年，深度学习被麻省理工（MIT）评为了年度十大科技突破之一。如今，深度学习已经从最初的图像识别领域扩展到了机器学习的各个领域。

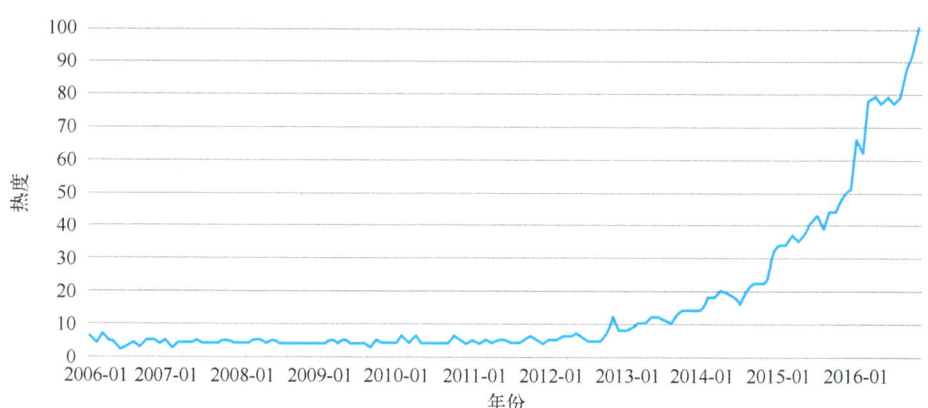

图 12-5　"deep learning"最近十年在谷歌搜索的热度趋势

## 12.3 神经网络可视化实验

### （1）修改训练参数

在图 12-6 所示网页中，通过修改学习率、激活函数、正则化、正则化率等参数观察每个参数对神经网络的识别效果。使用控制变量法，每次修改一个参数观察其对识别效果的影响，将结果填入表 12-1 中，最后记录你认为最好的参数组合及训练结果。

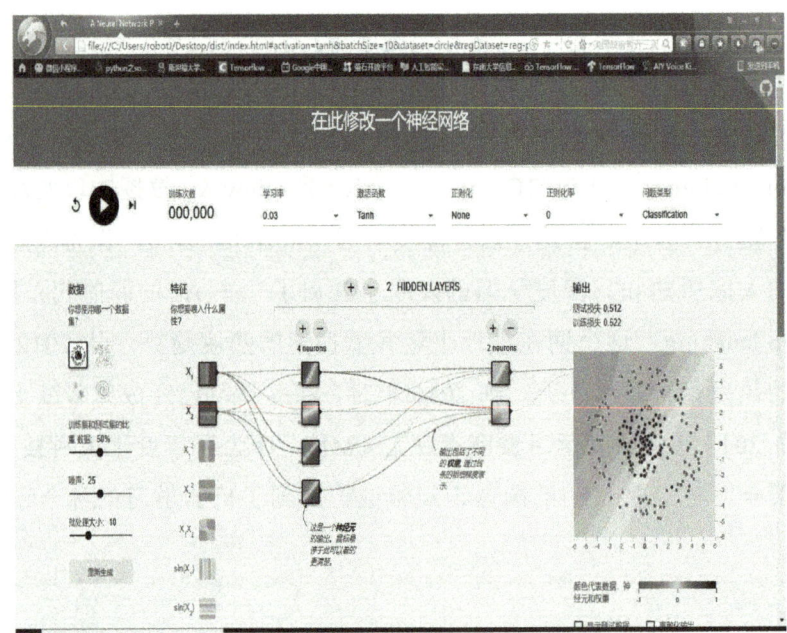

图 12-6 神经网络网页图

表 12-1

|  | 学习率 | 激活函数 | 正则化 | 正则化率 |
|---|---|---|---|---|
| 训练结果 |  |  |  |  |
|  |  |  |  |  |
| 最优组合 |  |  |  |  |

图 12-7 和图 12-8 所示是改变学习率后，对神经网络训练效果的影响。

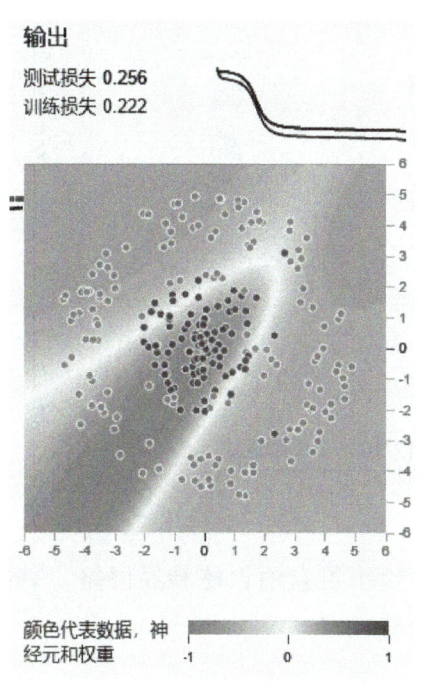

图 12-7 学习率为 0.03 时的训练效果

图 12-8 学习率为 3 时的训练效果

（2）修改输入的数据类型

修改左侧输入的数据类型，在表 12-2 中记录输入一个或多个数据类型对训练效果的影响。

表 12-2

|  | 例：$X_1$、$X_2$ |  |  |  |
| --- | --- | --- | --- | --- |
| 输入数据类型 |  |  |  |  |
| 输出结果 |  |  |  |  |

（3）修改神经网络模型

改变隐藏层的层数和每层隐藏层中神经元的个数，如图 12-9 和图 12-10 所示，观察训练效果并记录一个效果最好的神经网络模型。

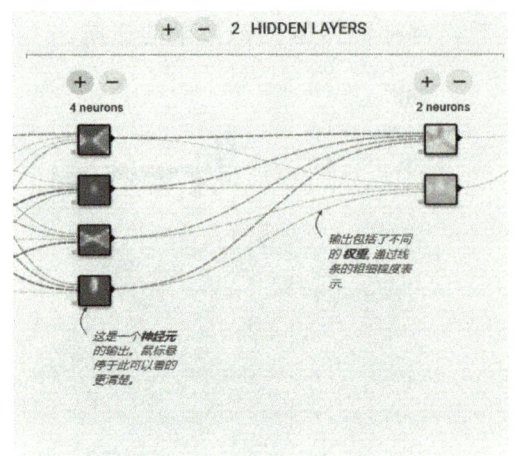 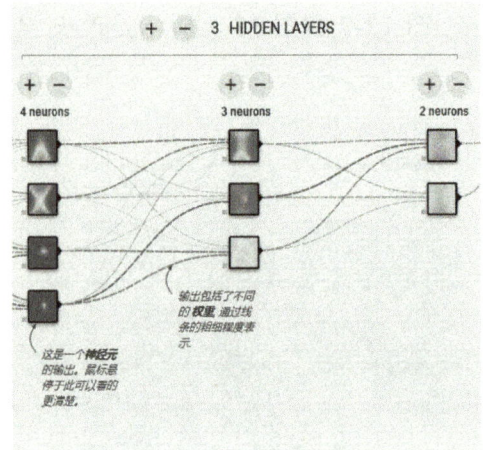

图 12-9　两层隐藏层　　　　　　　　　图 12-10　三层隐藏层

（4）挑战螺旋形数据集

修改输入数据集为螺旋形数据集，每个实验小组自由训练神经网络，并提交一个能获得的最优组合，最后各小组进行比较。

# 第 13 章　TensorFlow 简介

## 13.1　什么是 TensorFlow

在机器学习流行之前，在做与语音和图像相关的识别时，大多数是基于规则的系统。例如，做自然语言处理，需要很多语言学的知识；再如，1997 年的 IBM 的深蓝计算机对战国际象棋，也需要很多象棋的知识。

当以统计方法为核心的机器学习方法成为主流后，我们需要的领域知识就相对少了。重要的是做特征工程（feature engineering），然后调一些参数，根据一些领域的经验来不断提取特征，特征的好坏往往就直接决定了模型的好坏。这种方法的一大缺点是，对文字等抽象领域，特征还相对容易提取，而对语言这种一维时域信号和图像这种二维空域信号等领域，提取特征就相对困难。

深度学习的革命性突破在于，它不需要我们过多地提取特征，在神经网络的每一层中，计算机都可以自动学习出特征。为了实现深度学习中运用的神经网络，TensorFlow 这样的深度学习开源工具就应运而生（图 13-1）。我们可以使用它来搭建自己的神经网络。这类似于 PHP 开发当中的 CodeIgniter 框架，Java 开发当中的 SSH 框架，Python 开发当中的 Tornado、Django 框架，C++当中的 MFC、ACE 框架。框架的主要目的就是提供一个工具箱，使开发时能够简化代码，呈现出来的模型尽可能简洁易懂。

首先，TensorFlow 的一大亮点是支持异构设备分布式计算（heterogeneous distributed computing）。

何为异构？信息技术中的异构是指包含不同的成分，有异构网络（如互联网，不同厂家的硬件和软件产品组成统一的网络且互相通信）、异构数据库（多个数据库系统的集合，可以实现数据的共享和透明访问）。这里的异构设备是指使用 CPU、GPU 等核心器件进行有效的协同合作，与只依靠 CPU 相比，这种方式性能更高，功耗更低。

那何为分布式？分布式架构目的在于帮助我们调度和分配计算资源（甚至容错，如某个计算节点宕机或者太慢），使得上千万、上亿数据量的模型能够有效地利用机器资源进行训练。

图 13-1　开源框架 TensorFlow 的标志

TensorFlow 支持卷积神经网络（convolutional neural network，CNN）和循环神经网络（recurrent neural network，RNN），以及 RNN 的一个特例——长短期记忆网络（long short-term memory，LSTM），这些都是目前在计算机视觉、语音识别、自然语言处理方面最流行的深度神经网络模型。

TensorFlow 具有以下功能：

- Tensor 库是对 CPU/GPU 透明的，并且实现了很多操作（如切片、数组或矩阵操作等）。这里的透明是指，在不同设备上如何运行，都是框架帮用户去实现的，用户只需要指定在哪个设备上进行哪种运算即可。
- 有一个完全独立的代码库，用脚本语言（最理想的是 Python）来操作 Tensors，并且实现所有深度学习的内容，包括前向传播/反向传播、图形计算等。
- 可以轻松地共享预训练模型。
- 没有编译过程。深度学习是朝着更大、更复杂的网络发展的，因此在复杂图算法中花费的时间会成倍增加。而且，进行编译的话会丢失可解释性和有效进行日志调试的能力。

## 13.2 TensorFlow 的应用及发展

在工业界，TensorFlow 将会比其他框架更具优势。工业界的目标是把模型落实到产品上，而产品的应用领域一般有两个：一是基于服务端的大数据服务，让用户直接体验到服务端强大的计算能力（例如谷歌云平台及谷歌搜索功能）；二是直接面向终端用户的移动端（例如 Android 系统）以及一些智能产品的嵌入式。

坐拥 Android 的市场份额和影响力的谷歌公司，在这两个方向都很强大。此外，谷歌力推的模型压缩和 8 位低精度数据存储不仅对训练系统本身有优化作用，某种程度上也能使算法在移动设备上的部署获益，这些优化举措将会使存储需求和内存带宽要求降低，并且能使性能得到提升，对移动设备的性能和功耗非常有利。

如果一个框架的用户生态好，用的人就会很多，而用的人多会让用户生态更繁荣，用的人也就会更多。这庞大的用户数就是 TensorFlow 框架的生命力。

在 TensorFlow 官方网站上，着重介绍了 TensorFlow 的六大优势特性。

- 高度的灵活性( deep flexility )。TensorFlow 是一个采用数据流图( data flow graph )，用于数值计算的开源软件库。只要计算可以表示为一个数据流图，就可以使用 Tensorflow，只需要构建图，书写计算的内部循环即可。因此，它并不是一个严格的"神经网络库"。用户也可以在 TensorFlow 上封装自己的"上层库"，如果发现没有自己想要的底层操作，用户也可以自己写 C 代码来丰富关于封装的"上层库"，TensorFlow 现在有很多开源的上层库工具，极大地减少了重复代码量。

- 真正的可移植性( true portabiliy )。TensorFlow 可以在 CPU 和 GPU 上运行，以及在台式机、服务器、移动端、云端服务器、Docker 容器等各个终端运行。因此，当用户有一个新点子，就可以立即在笔记本上进行尝试。

- 将科研和产品结合在一起（connect research and production）。过去如果将一个科研的机器学习想法应用到商业化的产品中，需要很多的代码重写工作。现在 TensorFlow 提供了一个快速试验的框架，可以尝试新算法，并训练出模型，大大提高了科研产出率。
- 自动求微分（auto differentiation）。求微分是基于梯度的机器学习算法的重要一步。使用 TensorFlow 后，只需要定义预测模型的结构和目标函数，将两者结合在一起后，添加相应的数据，TensorFlow 就会自动完成计算微分操作。
- 多语言支持（language options）。TensorFlow 提供了 Python、C++、Java 接口来构建用户的程序，而核心部分是用 C++ 实现的，如图 13-2 所示。在第 14 章中会着重讲解 TensorFlow 的架构，用户也可以使用 Jupyter Notebook 来书写笔记、代码，以及可视化每步的特征映射（feature map）。用户也可以开发更多其他语言（如 Go、Lua、R 等）的接口。

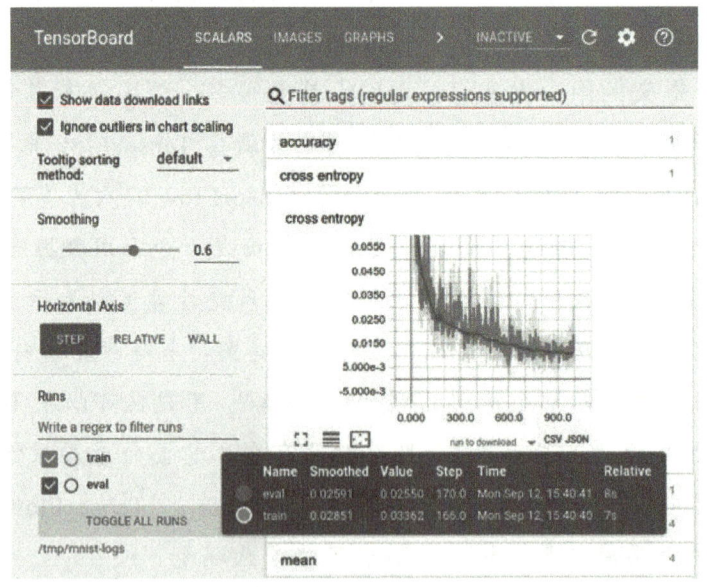

图 13-2　TensorFlow 可视化工具

- 最优化性能（maximize performance）。假如用户有一台 32 个 CPU 内核、4 个 GPU 显卡的机器，如何将计算机的所有硬件计算资源全部发挥出来呢？TensorFlow 给予线程、队列、分布式计算等支持，可以让用户将 TensorFlow 的数据流图上的不同计算元素分配到不同的设备上，最大化地利用硬件资源。

除了谷歌在自己的产品线上使用 TensorFlow 外，国内的京东、小米等公司，以及国外的 Uber、eBay、Dropbox、Airbnb 等公司，都在尝试使用 TensorFlow。基本上，我们看到中国领先的技术公司大都在使用 TensorFlow 来解决多种多样的问题，例如：广告推荐、点击预测、文字识别、语音识别、自然语言理解等。京东使用 TensorFlow 来进行包装的 OCR 文字识别软件，应用到了图像、语音和广告等多个领域，并建立了高效的内部机器学习平台。小米使用 TensorFlow，并借助 Kubernetes 来管理集群，建立分布式学习系统，来帮助小米内部和生态链业务。网易使用了 TensorFlow Lite 来做文档扫描应用，并用 TensorFlow 来做机器翻译。360 公司使用了 TensorFlow 来进行短视频的分析，也建立了相关内部机器学习平台。

天文方面，天文学家利用基于 TensorFlow 的深度学习技术，在太空的大量信号中搜索到类似地球的行星，叫作 Kepler-90i，这个是迄今为止发现的第 8 个。农林业方面，荷兰的养殖场监测奶牛的行为和身体数据，使用 TensorFlow 来分析奶牛健康状况，比如是否运动，是否生病等。巴西亚马孙丛林的护林人员，使用 TensorFlow 来识别丛林中的声音，来判断是否有盗伐者。在非洲，开发者使用 TensorFlow 制作出判断植物是否生病的手机应用，只要对植物进行拍照，就能进行鉴定。

2016 年 4 月，TensorFlow 的 0.8 版本就支持了分布式、多 GPU 运算。2016 年 6 月，TensorFlow 的 0.9 版本改进了对移动设备的支持。2017 年 2 月，TensorFlow 的 1.0 正式版本中，增加了 Java 和 Go 的实验性 API，以及专用编译器 XLA 和调试工具 Debugger，还发布了 tf.transform，专门用来数据预处理。并且还推出了"动态图计算"TensorFlow Flod，这是被评价为"第一次清晰地在设计理念上领先"。2018 年 3 月，谷歌发布了 TensorFlow 1.7.0 版本，相比原版有不少的重大更新。该版本的 TensorFlow 和英伟达 Tensor RT 进行了集成，达成对 GPU 硬件计算环境的高度优化。在测试中，集成版本的 TensorFlow 比原版（在 7ms 延迟环境下）执行速度快了 8 倍。

# 第 14 章 第一个 TensorFlow 程序

## 14.1 TensorFlow 的运行方式

**首**要任务就是准备 TensorFlow 环境。与安装其他软件相比，TensorFlow 极容易安装，环境部署极为轻松。首先我们从 GitHub 代码仓库中将源代码下载下来，在 Tags 中选择 1.13.0-rc2 版本的代码仓库，如下图所示。

根据图 14-1 下载解压之后即得到源代码，我们将其保存在本地目录中（见图 14-2）。

图 14-1 选择 1.13.0-rc2 版本代码仓库

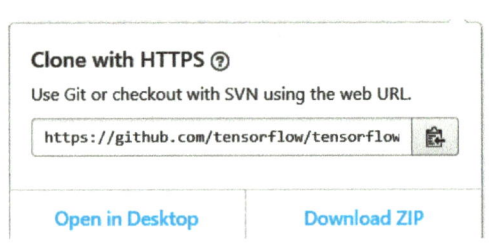

图 14-2 保存在本地目录

使用 Windows PowerShell 代替 CMD，所以下的命令均在 PowerShell 下执行。这里可以使用人工智能助理"微软小娜"呼唤出 PowerShell，如图 14-3 所示。

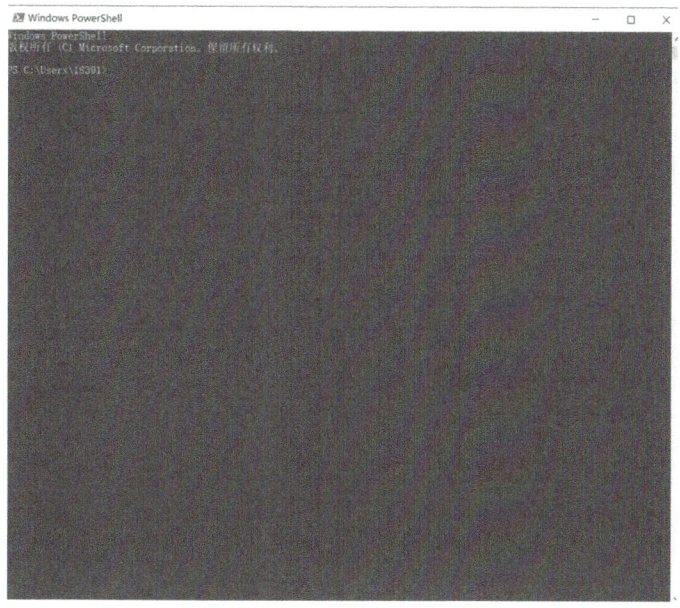

图 14-3　PowerShell

TensorFlow 的 Windows 安装也分为 CPU 版本和 GPU 版本，下面来分别介绍。

（1）CPU 版本安装（图 14-4）。在 PowerShell 中执行如下命令，默认安装该版本及相关依赖：

图 14-4　安装过程

```
pip install tensorflow==1.13.0-rc2
```

（2）GPU 版本安装。如果你的机器支持安装 GPU 版本，请先安装如下两个驱动：CUDA 和 CuDNN。选择下载版本时要注意与 CUDA 版本匹配。解压后保存至 CUDA 的安装目录下。然后安装 GPU 版本，安装命令如下：

```
pip install tensorflow-gpu==1.13.0-rc2
```

但是大多数情况下的计算机由于配置原因，只支持 CPU 版本，因此大家要视机器的具体情况而选择合适的版本。

## 14.2 运行 TensorFlow 程序

### 14.2.1 测试代码

在微软小娜中搜索"Python"，调出命令窗口，输入测试代码：

```
>>> import tensorflow as tf
>>> sess=tf.Session()
>>> a=tf.constant(10)
>>> b=tf.constant(22)
>>> print(sess.run(a+b))
32
```

如果得到正确结果 32，表示安装成功。

### 14.2.2 依赖的其他模块

TensorFlow 在运行中需要做一些矩阵运算，时常会用到一些第三方模块，此外，在处理音频、自然语言时需要也用到一些模块，下面我们就来简单介绍

TensorFlow 依赖的一些模块。

### Numpy 模块

Numpy 是用来存储和处理大型矩阵的科学计算包，比 Python 自身的嵌套列表结构要高效得多。它包括：

- 一个强大的 N 维数组对象 Array；
- 比较成熟的函数库；
- 用于整合 C/C++ 和 Fortran 代码的工具包；
- 实用的线性代数、傅里叶变换和随机数生成函数。

Numpy 模块的安装方法如下：

pip install numpy --upgrade

### Matplotlib 模块

Matplotlib 是 Python 最著名的绘图库，它提供了一整套和 MATLAB 相似的命令 API，十分适合交互式地进行制图。用它可以画出美丽的线图、散点图、等高线图、条形图、柱状图、3D 图等，而且还可以方便地展现训练结果或者中间的特征映射。

Matplotlib 模块的安装方法如下：

pip install matplotlib --upgrade

Matplotlib 模块的下载过程如图 14-5 所示。

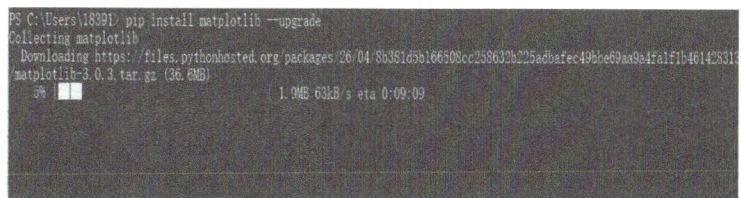

图 14-5　Matplotlib 模块下载过程

### Jupyter 模块

Jupyter notebook 是 Ipython 的升级版，能够在浏览器中创建和共享代码、公式、说明文档。界面相当友好，功能也很强大。

Jupyter 模块的安装方法如下：

```
pip install jupyter --upgrade
```

打开 jupyter notebook：

```
jupyter notebook
```

会出现如图 14-6 所示的情况。

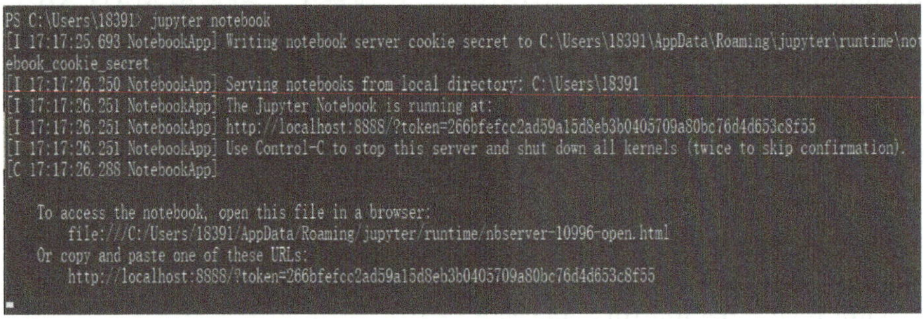

图 14-6 成功安装 jupyter notebook 的情况

浏览器自动打开，启动成功，界面如图 14-7 所示。

点击右上角 New 按钮，在下拉菜单中选择 Python 3，就可以使用 Jupyter notebook 编写程序了。可以输入"import tensorflow as tf"测试一下，如图 14-8 所示。

图 14-7 界面图

图 14-8 使用 Jupyter notebook 编写程序

## Scikit-image 模块

Scikit-image 有一组图像处理的算法，可以很方便地实现过滤一张图片，非常适合于对图像的预处理。

Scikit-image 模块的安装方法如下：

pip install scikit-image --upgrade

### 14.2.3 利用 TensorFlow 求解二次函数最小值对应的值

求解 $y=(x+1)^2$ 在 $y$ 最小时对应的 $x$ 的值，我们在安装 Python 的同时也安装了 IDLE 编辑器，因此可以通过它来实现这个程序，可按图 14-9 所示的方式打开 IDLE 编辑器。

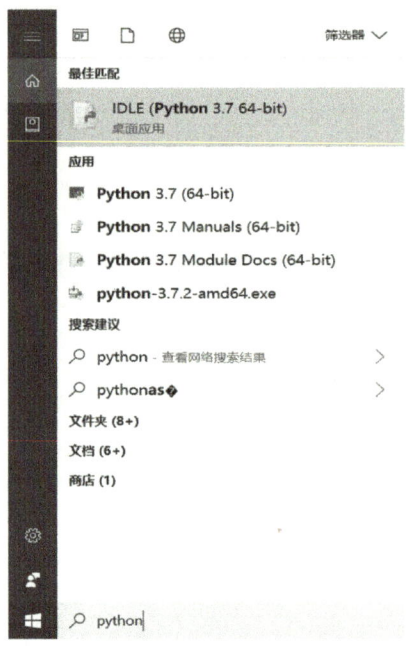

图 14-9　IDLE 编辑器

下面是实现"求解二次函数最小值对应的值"所对应的程序：

①>>> import tensorflow as tf
②>>> x = tf.Variable(tf.constant(5, dtype=tf.float32))

创建一个变量，并设初值为 5，变量的数据类型是浮点数（32 位）

③y = tf.square(x+1)

这里的 square 表示函数的是平方，设 $y = (x+1)^2$

④train_step = tf.train.GradientDescentOptimizer(0.2).minimize(y)

第④行这里使用梯度下降算法进行训练集的训练，并将该优化器的学习率设置为 0.2，其目的是使 y 值达到最小。这里解释一下梯度下降算法里的学习率，我们可以通过学习率来控制每一步走的距离，学习率不能太大也不能太小，太小的话，可能导致很难收敛即走不到最低点（最小值），太大的话，会导致错过函数的最低点（最小值）。如图 14-10 所示，学习率太小就需要更多的步数才能到达"蓝色"最低点。

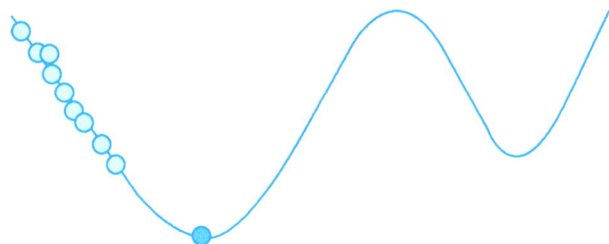

图 14-10　学习率小的情况

图 14-11 是学习率过大的情况，可以发现由于学习率过大，直接错过了"蓝色"最小值，大家可以试试修改不同的学习率看看不同的结果。

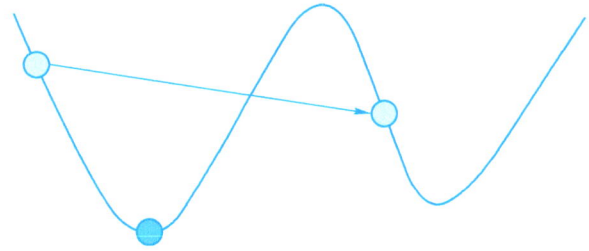

图 14-11　学习率大的情况

⑤>>> with tf.Session() as sess:
⑥  init_op = tf.global_variables_initializer()
⑦  sess.run(init_op)
⑧  for i in range(40):
    sess.run(train_step)
    x_val = sess.run(x)
    y_val = sess.run(y)
    print("After %s steps: x is %f,  y is %f."%(i, x_val, y_val))

第⑤行生成会话，这里需注意 Session 的首字母大写。第⑥行初始化该算法模型的参数，第⑦行运行所有的参数，第⑧行 for 循环训练 40 次，并将每次结果输出。这里一定要注意程序的缩进，以避免不必要的错误。

图 14-12 是程序运行之后的结果，可以看到，当 $x = -1$ 时，$y$ 可以得到最小值。

```
After 0 steps: x is 2.600000,   y is 12.959999.
After 1 steps: x is 1.160000,   y is 4.665599.
After 2 steps: x is 0.296000,   y is 1.679616.
After 3 steps: x is -0.222400,  y is 0.604662.
After 4 steps: x is -0.533440,  y is 0.217678.
After 5 steps: x is -0.720064,  y is 0.078364.
After 6 steps: x is -0.832038,  y is 0.028211.
After 7 steps: x is -0.899223,  y is 0.010156.
After 8 steps: x is -0.939534,  y is 0.003656.
After 9 steps: x is -0.963720,  y is 0.001316.
After 10 steps: x is -0.978232, y is 0.000474.
After 11 steps: x is -0.986939, y is 0.000171.
After 12 steps: x is -0.992164, y is 0.000061.
After 13 steps: x is -0.995298, y is 0.000022.
After 14 steps: x is -0.997179, y is 0.000008.
After 15 steps: x is -0.998307, y is 0.000003.
After 16 steps: x is -0.998984, y is 0.000001.
After 17 steps: x is -0.999391, y is 0.000000.
After 18 steps: x is -0.999634, y is 0.000000.
After 19 steps: x is -0.999781, y is 0.000000.
After 20 steps: x is -0.999868, y is 0.000000.
After 21 steps: x is -0.999921, y is 0.000000.
After 22 steps: x is -0.999953, y is 0.000000.
After 23 steps: x is -0.999972, y is 0.000000.
After 24 steps: x is -0.999983, y is 0.000000.
After 25 steps: x is -0.999990, y is 0.000000.
After 26 steps: x is -0.999994, y is 0.000000.
After 27 steps: x is -0.999996, y is 0.000000.
After 28 steps: x is -0.999998, y is 0.000000.
After 29 steps: x is -0.999999, y is 0.000000.
After 30 steps: x is -0.999999, y is 0.000000.
After 31 steps: x is -1.000000, y is 0.000000.
After 32 steps: x is -1.000000, y is 0.000000.
After 33 steps: x is -1.000000, y is 0.000000.
After 34 steps: x is -1.000000, y is 0.000000.
After 35 steps: x is -1.000000, y is 0.000000.
After 36 steps: x is -1.000000, y is 0.000000.
After 37 steps: x is -1.000000, y is 0.000000.
After 38 steps: x is -1.000000, y is 0.000000.
After 39 steps: x is -1.000000, y is 0.000000.
>>>
```

图 14-12 *程序结果*

## 14.3 手写数字识别实验

### 14.3.1 Mnist 数据集介绍

MNIST 数据集来自美国国家标准与技术研究所（National Institute of Standards and Technology，NIST）。训练集（training set）由来自 250 个不同人手写的数字构成，其中 50%是高中学生，50%来自人口普查局的工作人员。测试集（test set）也是同样比例的手写数字数据。可通过其官方下载地址 http://yann.lecun.com/exdb/mnist/进行下载，该数据库不仅包含训练集和测试集，还包含其标签，如图 14-13 所示。

```
train-images-idx3-ubyte.gz:  training set images (9912422 bytes)
train-labels-idx1-ubyte.gz:  training set labels (28881 bytes)
t10k-images-idx3-ubyte.gz:   test set images (1648877 bytes)
t10k-labels-idx1-ubyte.gz:   test set labels (4542 bytes)
```

图 14-13 MNIST 数据库

数据库的里的图像都是 28×28 像素的灰度图像，每个像素都是一个 8 位的（0～255），这个数据库主要包含了 60000 张的训练图像和 10000 张的测试图像。

将图 14-14 所示 4 个图像文件直接解压就可以使用了，虽然数据未压缩，但是我们还是需要将图像提取出来，方便我们进行操作。

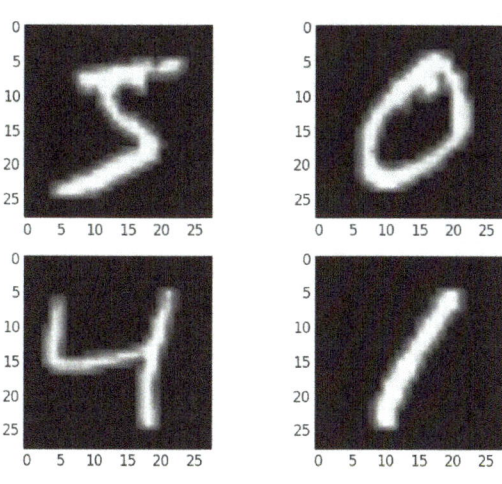

图 14-14 手写数字图片

在 TensorFlow 中我们可以直接导入该数据库模块：

```
from tensorflow.examples.tutorials.mnist import input_data
```

### 14.3.2 实验环节

1. 创建项目

首先，双击打开桌面上的 PyCharm 软件。

点击右侧 Create New Project，来新建一个工程（图 14-15）。

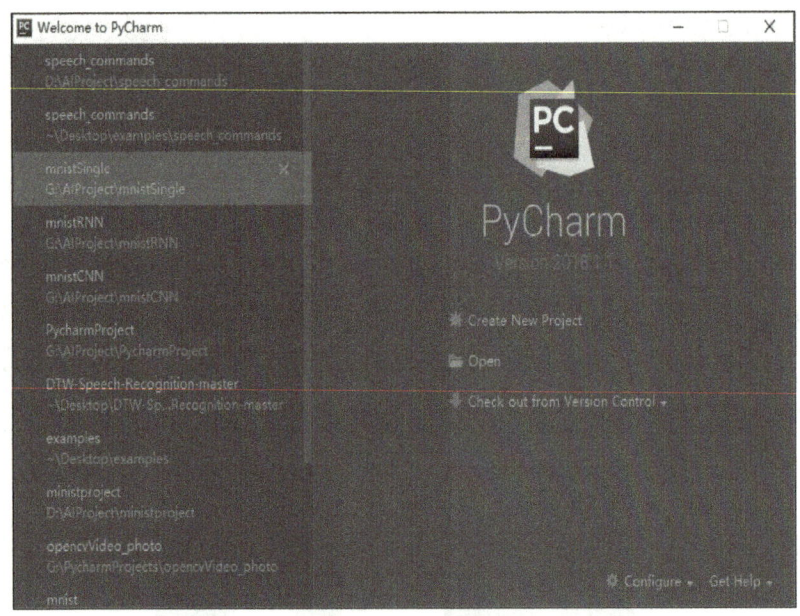

图 14-15 创建工程

将项目命名为 groupX（X 为小组号），如图 14-16 所示，更改好名字后，点击右下角 Create 按钮，创建项目。等待数秒后，项目创建成功，出现图 14-17 所示界面，左侧列表中 groupX 就是我们创建的项目的文件夹。

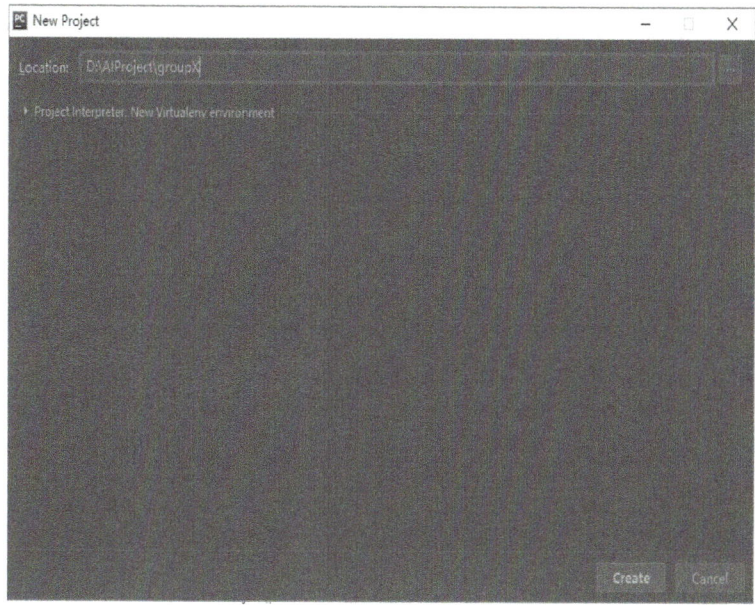

图 14-16 命名

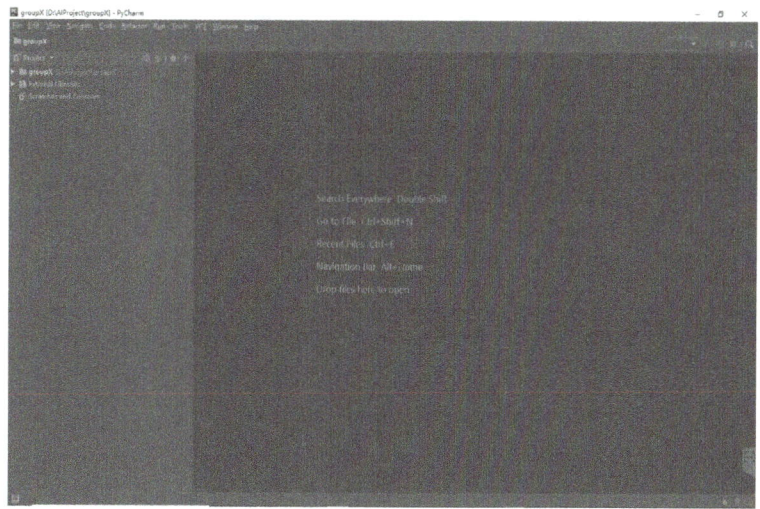

图 14-17 成功创建项目

右击 groupX，依次选择 New→Python File，点击 Python File，如图 14-18 所示。

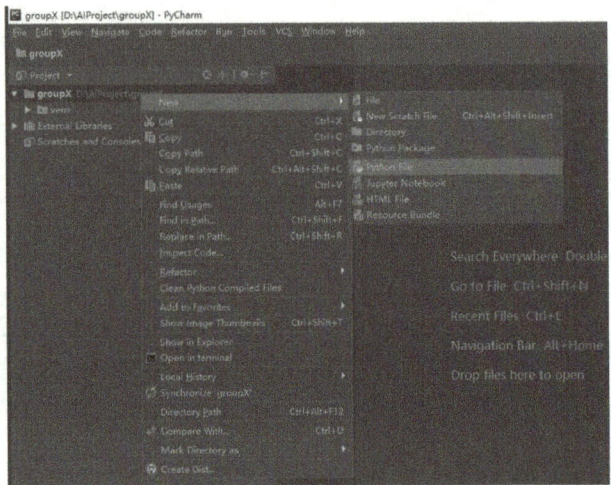

图 14-18 创建 py 文件

输入文件名，点击 OK 按钮，即可创建一个 Python 文件，如图 14-19 所示。groupX.py 文件出现在了 groupX 文件夹下，如图 14-20 所示。

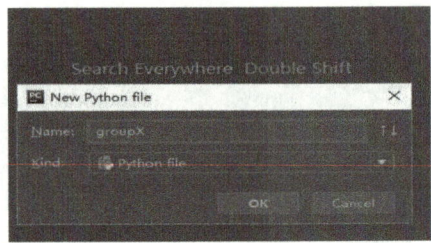

图 14-19 命名

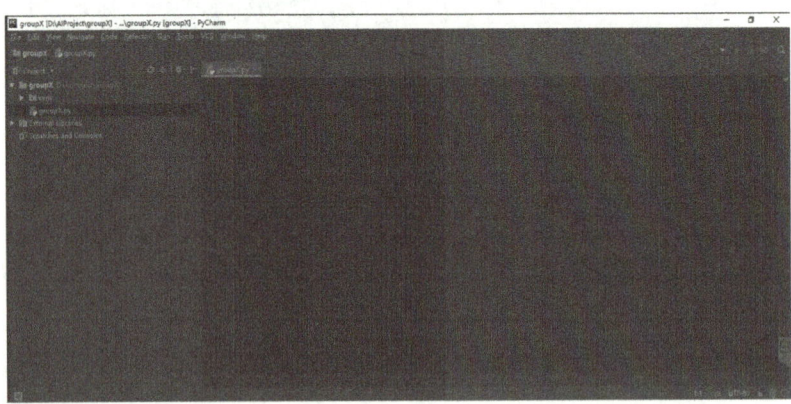

图 14-20 py 文件

2．编写代码

代码开头：引用必要的模块。模块就是现成的工具。它就像一支军队的武器，武器的好坏，直接能够影响军队的战斗力。而在代码中如果没有引用必要的模块，就会像士兵上战场忘记带枪一样。

代码如下：

```
import tensorflow as tf
from tensorflow.examples.tutorials.mnist import input_data
import numpy as np
```

三行代码，引用了四个模块。TensorFlow 是深度学习的工具，numpy 是对数据进行操作的，而第三行的模块，则是用来加载手写数字的数据集 mnist 的。

下一步，加载 mnist 数据集。直接使用前面引用过的模块加载数据集：

```
mnist = input_data.read_data_sets("MNIST_data/", one_hot=True)
```

将数据集中的各个数据分配给 trX、trY、teX、teY。tr 和 te 分别是训练和测试的意思。X 代表了输入的手写数字图片，而 Y 则是图片对应的数字。mnist 数据集的图片像素为 28×28，故这里将这 28×28 个像素点，转换为一行 784 个点的数据。

```
trX, trY, teX, teY = mnist.train.images, mnist.train.labels, mnist.test.images, mnist.test.labels
trX = trX.reshape(-1, 784)
teX = teX.reshape(-1, 784)
```

接下来，定义两个变量：

```
#每个批次的大小
batch_size = 128
test_size = 256
```

batch_size 为每批数据量的大小，比如这里设置成 128，那每次会往神经网络里输入 128 条手写数字的数据进行训练。数据量不同，对训练效果会产生不同的影响。test_size 是每次对神经网络进行测试时的训练量。

然后，定义两个占位符 x 和 y。x 是输入的手写数字图像，是神经网络的起点，y 是对应输入图像上的数字。

```
x = tf.placeholder(tf.float32, [None, 784], name="Mul") #输入图像
y = tf.placeholder(tf.float32, [None, 10]) #输入标签
```

变量创建好后，开始搭建一个神经网络：

```
W = tf.Variable(tf.zeros([784, 10])) #生成784行,10列的全0矩阵
b = tf.Variable(tf.zeros([1, 10]))
prediction = tf.nn.softmax(tf.matmul(x, W)+b)
```

W 是神经网络的权重，784 对应了输入图像的 784 个点，b 是 10 个噪声点。这个简单的神经网络结构就为 prediction=xW+b，就像一个一次函数，这里的 prediction 就是预测输出。神经网络在训练过程中，将不断调整 W 的值，使得预测的 prediction 值越来越接近真实的值 y。

```
predict_op = tf.argmax(prediction, 1, name="final_result")
```

predition 中包含了 10 个值，使用 tf.argmax 函数来获得它 10 个值中最大值所在的位置，就得到了神经网络对图片的预测数字。

TensorFlow 中提供了很多方法来计算调整 W 的值，这里可以使用如下方法：

```
#二次代价函数
loss = tf.reduce_mean(tf.square(y-prediction))
#使用梯度下降法

train_step = tf.train.GradientDescentOptimizer(0.2).minimize(loss)
```

loss 值代表了真实值 y 和 prediction 的误差，使用梯度下降算法来减少这个值。

以上定义的变量，需要在神经网络中进行初始化：

```
init = tf.global_variables_initializer()
```

至此，神经网络的搭建就完成了，可以开始编写训练神经网络的代码了。代码如下：

```
with tf.Session() as sess:
    sess.run(init)
    for i in range(100):
        training_batch = zip(range(0, len(trX), batch_size),
                             range(batch_size, len(trX) + 1, batch_size))
        for start, end in training_batch:
            sess.run(train_step, feed_dict={x: trX[start:end], y: trY[start:end]})

        test_indices = np.arange(len(teX))  # Get A Test Batch
        np.random.shuffle(test_indices)
        test_indices = test_indices[0:test_size]

        print(i, np.mean(np.argmax(teY[test_indices], axis=1) ==
                         sess.run(predict_op, feed_dict={x: teX[test_indices]})))
```

with tf.Session() as sess 创建一个图，然后运行之前声明的初始化函数 init 来初始化变量。

100 代表了要训练 100 次，每次训练的数量，使用了之前声明的 batch_size 函数。

在训练的同时，用 trX（测试集数据）对训练效果进行实时评估，print 函数将打印出每一次训练后，神经网络在测试集上的准确度。

至此，代码部分编写完成，可以开始运行文件，训练神经网络。

3．训练代码

右击代码上方的 groupX.py，点击 Run 'groupX'。

稍后，在 pycharm 下方会打印出实时的训练情况。如图 14-21 所示，可以看到，最终在测试集上的准确率在 92%左右。

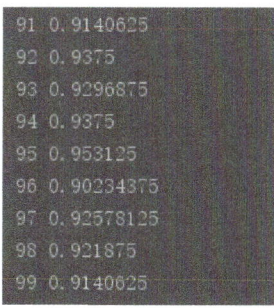

图 14-21　训练结果

# 附　　录

## LXA-AIE-B1 人工智能实验箱

东南大学信息处理与应用工程中心成立于2002年，依托信号与信息处理国家重点学科，积累了雄厚的科研实力，完成了数十项高水平科研任务，培养了一大批优秀的硕、博士研究生和博士后研究人员。中心主要的研究方向有情感计算与智能交互技术、数字助听器语音信号处理技术、生物识别技术、语音与声频信号处理技术、图像与视频信号处理技术、通信中的信号处理技术等，得到了包括微软研究院、日本京都大学、日本京都理工大学等多家国内外知名研究机构的大力支持，与众多国内知名高校和研究机构建立了良好的合作关系。

### 一、整体概述

LXA-AIE-B1 人工智能（AI）实验箱是东南大学信息处理与应用工程中心开发的一套可用于人工智能入门教学的实验平台，它使用了基于 BCM2837B0 型号 CPU 构建的树莓派 3B+和萤石智能机器人。树莓派是一款信用卡大小的超小型电脑。它的长度为 8.56cm，宽度为 5.6cm，厚度只有 2.1cm。树莓派把整个系统集成在一块电路板上的解决方案，被称为片上系统（System on Chip，SoC）。SoC 在手机等小型化设备中很常见，功耗也比较低。树莓派使用 SoC 的解决方案，正适合其超小型电脑的应用场景。树莓派官方推出的 Raspbian，也是 Linux 的一个发行版本，通过外接风扇、温度传感器和三色 LED 灯，可以进行多种多样的 Python 语言小实验。此外智能机器人可实现智能语音识别和图像识别，让学生通过互动感受人工智能的应用。

为辅助教学，我们还编写了配套的人工智能高中教学教材、教学 PPT、实验指导书和相应例程，学生通过完成各项基础实验，了解 Python 语言，学习和搭建神经网络。综合实训平台采用从简单到复杂、从基础到高级、从单元到系统的教学模式，引导学生对编程和人工智能学习产生兴趣，是中学人工智能教育课程的理想平台。

## 二、外形图

AI 实验箱平面图如图 A-1 所示。

图 A-1　AI 实验箱平面图

AI 实验箱配备以下模块：DS18B20 温度传感器模块、RGB LED 灯模块、风扇模块，如图 A-2～图 A-4 所示。

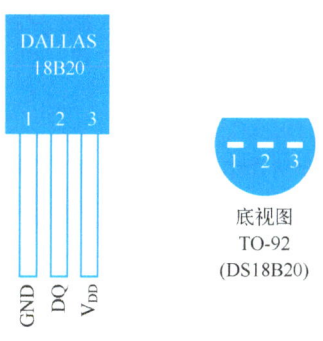

图 A-2　DS18B20 温度传感器模块

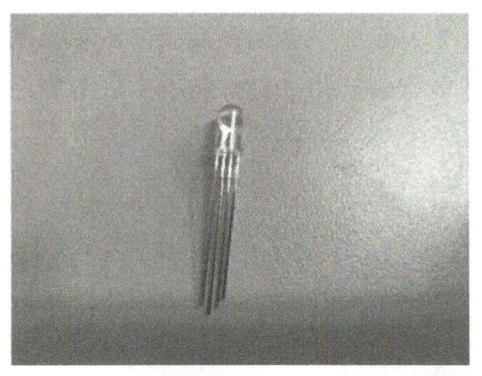
图 A-3　RGB LED 灯模块

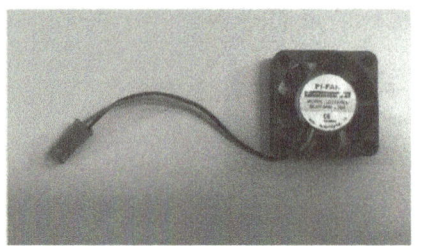
图 A-4　风扇模块

### 三、实验箱参数

1．树莓派 3b+硬件参数
- CPU：Broadcom BCM2837B0 四核 A53（ARMv8）64 位@1.4GHz
- GPU：Broadcom Videocore-IV
- 内存：1GB LPDDR2 SDRAM
- 网络：千兆以太网（通过 USB2.0 通道，最大吞吐量 300Mbit/s），2.4GHz 和 5GHz 双频 Wi-Fi，支持 802.11b/g/n/ac
- 蓝牙：蓝牙 4.2，低功耗蓝牙（BLE）
- 存储：Micro-SD
- GPIO：40 引脚 GPIO 双排插针
- 其他接口：HDMI，3.5mm 模拟音频视频插孔，4×USB 2.0，以太网，摄像机串行接口（CSI），显示器串行接口（DSI）
- 尺寸：82mm×56mm×19.5mm，50g

2．机器人参数
- 摄像头：分辨率 1440×1440，4mm 镜头，垂直视场角 FOV80°
- 音箱：4Ω3W 独立腔体
- 存储：16GB
- 无线：WiFi IEEE 802.11 b/g/n 2.4GHz
- 电池：2200mAh

- 额定输入：DC 5V 1A

3．配件参数
- 键盘：1个
- 鼠标：1个
- HDMI 高清视频线：1个
- 5V 电源：1个
- 数据线：1根
- 麦克风：1个
- HDMI 二进一出转换器：1个

4．软件资源
- Linux 操作系统，Python 3.5，TensorFlow

## 四、配套实验

实验箱所配套的实验见表 A-1。

表 A-1　配套实验

| 序号 | 实验名称 |
| --- | --- |
| 基础硬件实验 | |
| 实验 1 | 语音控制风扇实验 |
| 实验 2 | 语音控制 LED 灯实验 |
| 实验 3 | 语音测量温度实验 |
| 实验 4 | 机器人图像处理实验 |
| 软件实验 | |
| 实验 1 | 可视化神经网络实验 |
| 实验 2 | 简单神经网络手写数字识别实验 |
| 实验 3 | 卷积神经网络手写数字识别实验 |
| 实验 4 | 循环神经网络手写数字识别实验 |
| 实验 5 | 语音命令词识别实验 |

## 五、实验箱装箱清单

实验箱装箱清单见表 A-2。

表 A-2  实验箱装箱清单

| 序号 | 设备名称 | 数量 |
| --- | --- | --- |
| 1 | 树莓派 3b+微型电脑 | 1 块 |
| 2 | 智能机器人 | 1 个 |
| 2 | RGB LED 灯 | 1 个 |
| 3 | 风扇 | 1 个 |
| 4 | HDMI 高清视频线 | 1 根 |
| 5 | 麦克风 | 1 个 |
| 6 | USB 数据线 | 1 根 |
| y | HDMI 二进一出转换器 | 1 个 |
| 8 | 键盘 | 1 个 |
| 9 | 鼠标 | 1 个 |

# 参 考 文 献

[1] 汤晓欧，陈玉琨. 人工智能基础[M]. 上海：华东师范大学出版社，2018.

[2] 周昕梓. 树莓派开始，玩转 Linux[M]. 北京：电子工业出版社，2018.

[3] 埃里克·马瑟斯. Python 编程：从入门到实践[M]. 袁国忠，译. 北京：人民邮电出版社，2016.

[4] 毛健，赵红东，姚婧婧. 人工神经网络的发展及应用[J]. 电子设计工程，2011(24):62-65.

[5] 朱祝武. 人工智能发展综述[J]. 中国西部科技，2011，10(17):8-10.

[6] 王光宏，蒋平. 数据挖掘综述[J]. 同济大学学报：自然科学版，2004,32(2):246-252.

[7] Hinton G E, Osindero S, Teh Y W. A Fast Learning Algorithm for Deep Belief Nets[J]. Neural Computation, 2014, 18(7):1527-1554.

[8] Jain A K, Duin R P W, Mao J. Statistical pattern recognition: a review[J]. IEEE Transactions on Pattern Analysis & Machine Intelligence, 2002, 27(11):1502-1502.

[9] Rumelhart, David E, Hinton, et al. Learning representations by back-propagating errors[J]. 1986.

[10] Zhang H, Berg A C, Maire M, et al. SVM-KNN: Discriminative Nearest Neighbor Classification for Visual Category Recognition[C]// IEEE Computer Society Conference on Computer Vision & Pattern Recognition. 2006.

[11] Martí, Nez C, Prodinger H. Discriminative Training Methods for Hidden Markov Models: Theory and Experiments with Perceptron Algorithms[C]// Acl-02 Conference on Empirical Methods in Natural Language Processing. 2002.

[12] 周志华. 人工智能[M]. 北京：清华大学出版社，2016.

[13] Russell S J, Norvig P. Artificial intelligence: a modern approach[J]. Applied Mechanics & Materials, 2010, 263(5):2829-2833.

[14] 郑泽宇，梁博文，顾思宇. TensorFlow：实战 Google 深度学习框架[M]. 北京：电子工业出版社，2017.

[15] LO, S. C B, Chan H, et al. Artificial convolution neural network for medical image pattern recognition[J]. Neural Networks, 1995, 8(7–8):1201-1214.